新潮文庫

「ダメ女」たちの人生を変えた
奇跡の料理教室

キャスリーン・フリン
村井理子訳

新潮社版

11853

目次

プロローグ　スーパーのカートには人生が詰まっている　11

第1部　泣き笑い、料理する、その心にはいつもパリ　19

第1章　38歳でル・コルドン・ブルーを卒業した遅咲きの私　21
第2章　憧れの人ならどうする？　31
第3章　包丁とは永遠に苦楽をともに　54
第4章　味覚を信じて、自分を信じて　81
第5章　喜怒哀楽の鶏肉劇場　107

第2部　加工食品はもういらない、なんだってイチからカンタン　149

第6章　パンだって立ち上がる　151
第7章　ナポレオンを勝たせた卵　176
第8章　戸惑いの肉　192

第3部　ほんの少し買い、たくさん作り、捨てないしあわせ　225

第9章　歓喜の魚　227

第10章　箱の中の秘密　246
第11章　ミニマルに買うことはスマート　268
第12章　ひとさじのスープの愛　298
第13章　キッチン訪問、再び　316

キッチン初訪問

①サブラ　両親との〝思い出の味〟がマクドナルドの女　49
②ジョディ　子どもを栄養不足にするセレブ女　75
③シャノン　裏庭で鶏を飼う意識の高い女　104
④ドナ　夫との力関係の危うさが料理に出る女　137
⑤アンドラ　不況で一転、極貧に陥った女準弁護士　173
⑥トリッシュ　料理になると不安定な精神科女医　187
⑦ジェン　料理する必要にせまられなかった女　221
⑧テリ　夫と過ごした4年前の七面鳥を捨てない女　243
⑨ドリ　業務用スーパーで買うひとり暮らしの女　262
⑩シェリル　もてなしが缶入りスープの女　293

キャスリーンのレシピ

①イタリアの田舎風ズッキーニのペンネ　146
②基本のオムレツ　185
③ベーシックなローストチキン　223
④忙しいあなたのためのこねないパン　295

参考資料（書籍・映画・テレビ・ラジオ）　350
訳者あとがき　354
文庫版訳者あとがき　359

装画・挿絵　冨田マリー

「ダメ女」たちの人生を変えた奇跡の料理教室

登場人物たち

私　キャスリーン・フリン。本書の著者。

サブラ（23歳）　マーガリン大好き。マクドナルドが実の母との思い出の味。子宮がん検診で引っかかり、野菜を食べなければならないと感じている。

ジョディ（不詳）　失業したばかりの日系人。裕福な家には大量の食材をストック。子どもに日本の食品メーカーのカレーばかり食べさせていることを気にしている。

シャノン（32歳）　専業主婦。生焼けを恐れ、何でも真っ黒焦《こ》げにしてしまう。母親との関係に問題がある。計画的に献立を考えられるようになりたい。

ドナ（26歳）　国際支援機関に勤務。貧しい家庭に育ち、料理を兄に笑われたことがトラウマに。新婚だが、自分よりも料理ができる夫に引け目を感じている。

アンドラ（43歳）　裕福な家庭に育った準弁護士。不況で経済苦に陥り、フードスタンプに頼る生活に。節約しながら賢く食べ、苦境を乗り越える糸口を探す日々。

トリッシュ（61歳）　リッチな精神科医。赤肉は食べない。オーガニックの食材を好んで買い、塩分過多を恐れる。キッチンに居場所を見つけたい。

ジェン（25歳）　彼氏とふたりで暮らしはじめる節目で料理を学びたい。持ち寄りの女子会での疎《そ》外感《がいかん》を解消し、自分が食べるものを管理できるようになりたい。

テリ（46歳）　バツイチ。元アルコール依存症で、断酒してから料理への興味を失う。野菜が好きだが、調理ができず腐らせてしまう。高血圧、肥満の問題もある。

ドリ（不詳）　パスタばかり食べている。環境調査のプロでありながら、大量の食品廃棄をしてしまうことに罪悪感を抱いている。

シェリル（32歳）　高級住宅街に住む、２児の母。冷蔵庫にあるもので何か作ることができるようになりたい。

リサ　キャスリーンのアシスタント。

マイク　キャスリーンの夫。

料理だけでなく、
すべての物事に喜びを見《み》出《いだ》す方法を私に教えてくれた、
母イリーナに捧《ささ》ぐ

プロローグ　スーパーのカートには人生が詰まっている

いちばんうまく教えられるのは、自分が最も学ぶべきことについてである。　――リチャード・バック『イリュージョン』

スーパーで尾行なんてありえない。

買い物客のカートの中身を盗み見るクセがあるのは認める。中身を見れば、その人となりがわかるとしたら、あなただってするでしょ？

山ほどのネコ缶、レタス、ステーキのファミリーパックと女性誌をカートに放り込んでいる腰の曲がった白髪の女性の家では何が起きていると思う？　タトゥーの入った腕にぶら下げたカゴにベジタリアンホットドッグのパックを入れ、ヘッドフォンの向こうの世界なんて関係ないわよって雰囲気で、ばっちりメイクした若い女性の場合はどう？　オーガニック野菜と高価なオリーブ、シャンパンのボトルが4本入ったカートを押しながら、輸入チーズの棚をのぞき込んでいる、爪《つめ》は完ぺきに手入れ済みのエレガントな紳士の場合は？

スーパーのカートには物語が詰まっている。

いつもと同じ、なんの変哲もない火曜日の夜のことだ。ツナ缶が並んだ通路付近の光景を見て、私は凍りついた。通路の真ん中に置き去りにされたショッピングカートには、乾燥パスタミックスが2ダース、キャセロール〔ホーローなどの耐熱鍋（なべ）に野菜や肉を入れて、そのままオーブンで焼く鍋料理のこと。アルミの箱に盛りつけられた状態で売っている〕、米、うさんくさいソースが入った瓶、袋入りのスタッフィング〔肉用の詰め物〕が、めったやたらに投げ込まれていた。カートは半分ぐらい埋まっていたというのに、ちゃんとした食品は何ひとつ入っていない。カートの中身に目を奪われて立ちつくしていると、ナス色のフリースを着た大柄な30代後半の女性が、そのカートを自分の方に引っ張った。幼い娘が待ちきれずに彼女の周りをぐるぐると走りながら、小さな声でレディ・ガガを歌っていた。

このままこの人についていって、何を買うか観察したら失礼かしら？

小さなカゴを手にした私は、彼女を尾行して、その行動を盗み見ることにした。通路に沿って並べられた、特に買いたくもない商品を見るフリをしながら、彼女がカートに、ワッフル、ピザ、数種のTVディナー〔肉、炭水化物、野菜がセットになっている冷凍食品〕、チキンパイ、ファミリー向けマッシュポテト、ソース付き牛肉のパックを、次々と投げ入れる様子を観察した。

　精肉売り場に到着するまでに、彼女は私の存在に気づいていたと思う。冷気に当たらないように両肩を抱いて、漂う塩素のにおいを吸い込まないように注意しながら、私はぎこちなく彼女の動きを視界の隅でとらえつつ、棚の端で巨大なファミリーサイズの冷凍ハンバーグを彼女が手に取るのを確認した。彼女は、自分のカートを私のいる方向に少し押し出した。そのとき、私はプラスチックのパックに入った七面鳥の肉を吟味するフリをしていた。「鶏《とり》のむね肉って最近すごく高くなったと思わない？　ありえないわ」と彼女は大きな声で、誰にともなく話しかけた。そして、気だるそうに冷凍ハンバーグのパックをカートに放り込んだ。

　話しかけるチャンス到来だ。私は「丸鶏はセールだったけどね」と声をかけた。「450グラムで99セントぐらいだったかな」彼女はクスクスと笑った。「**ああ、ありがと。でも、鶏を丸ごとなんてどうやって料理したらいいかわかんないわよ**」

　私は、はっとした。彼女が必要としている情報は、パリの有名料理学校で1年みっちり修業した私が、鶏の骨を抜いたり、肉に食材を詰めまくった私が、すべて持っている。その瞬間、理由はわからないけれど、私はどうしても彼女にそれを教えたくなった。「鶏肉のさばき方を教えてくれる人がここにいるわよ。一緒に行きません？」

と私は言った。彼女は、「え？　あ、ううん、遠慮しとくわ」と答えた。スーパーの通路を20分も尾行してきた赤の他人の私に対する答えとしては、当然だった。

しかし不思議なことに、七面鳥のくん製ソーセージの棚の前に立つ私は、怪しいセールスレディには見えなかったようで、彼女は肩をすくめると「そうね。じゃ、行こうかな」と言ったのだ。

「もちろん。肉のさばき方ぐらい、いつでも教えますよ」と、丸鶏を手渡す私に、精肉コーナーで働く男性は言った。女性はガラスケース越しに彼の大きくて白いまな板を見つめていた。彼は丁寧に丸鶏を切り分けていった。手を止め、彼女がわかりやすいように手順を示した。作業が終わると、彼はきれいな包み紙に鶏肉を包んでくれた。

「それで、その丸鶏が全部でいくらだった？」彼女は聞いた。

彼は値段シールを見て「ええと……、今日はセールだから5ドル20セントってとこですね」

「それじゃあ、その丸鶏を、向こうに並んでいるむね肉みたいに、切ってパック詰めにしたら、いくらになるの？」彼女は肉の並んだケースを指さして言った。

彼はそちらに目をやると、ぼそぼそとつぶやきながら、指を使って数えはじめた。

「そうだなあ、むね肉が４５０グラムで５ドル99セント。もも肉が２ドル29セントだから、全部で10ドルぐらいですかね」

「ちょっと、うっそ!!」彼女は叫んだ。「**それじゃあたし、いままで倍の値段を払って鶏肉を買ってたってわけ？　ちょっと、ちょっと！**」彼女は大笑いした。

彼はウィンクして、さばいたばかりの新鮮な鶏肉を彼女に手渡した。彼女の手に、その鶏肉はずっしりとした重みを感じさせたようだった。彼女はしばらく考え込んでいた。「どうしたの？」私は聞いた。

彼女はあたりを見回すと、私に体を寄せてささやくようにこう言った。「どうやって料理したらいいか、わからなくて。むね肉だったらわかるんだけど」彼女は恥ずかしそうに肩をすくめた。「でも、ありがとう。トクしちゃった」

彼女は、娘を連れ、カートを押して去りつつあった。私は彼女に声をかけた。残りの鶏肉の調理方法を告げぬまま、このまま行かすことはできない。たまたまではあったが、**私が初めて書いた本のペーパーバックがこのスーパーで売られていた。**私は１冊取ってくると、鶏もも肉とマスタードの蒸し煮のレシピ、それからチキンスープのレシピが書かれたページを開いた。

最初、彼女は私の本だと信じてくれなかった。私は証拠に運転免許証を見せて「あなたに本を売ろうなんて思ってないですから」と説明した。「これ、もらって欲しいんです。うまく説明はできないけど、何かお手伝いできないかなって思っちゃって」

　それから1時間かけて、私は彼女を連れて店内を歩いて回った。本の余白にメモを書き込み、私がバッグの中に常に入れているメモパッドに新しいレシピを綴《つづ》っていった。なぜ大量の箱入りの食品や缶詰めを購入したのか、彼女と話し合った。根気よく、ゆっくりと説得して、カートから箱詰めの商品を棚に戻してもらい、その箱詰め商品がまねしている本物の食品をカートに入れていった。常温保存可能なインスタントのポットロースト〔かたまりの肉を鍋でじっくり蒸し焼きにする調理法〕は1・5キロの牛肉となった。しめくくりは野菜コーナーで、ポットローストと同じ金額で10人以上をもてなす量の野菜を買うことができたのだ。

「本当に、なんてお礼を言ったらいいのかわからなくて」会計に向かうとき、彼女は真剣な表情で言った。私は約束通り自分の本を購入し、彼女に手渡した。「**最初、あなたのこと、なんだかおかしな人だって思っちゃった。でもあなたは、パンクしたタイヤを直してくれるワンダー・ウーマンだったのね**」彼女も娘も、別れぎわに私に熱心に手を振ってくれた。

　この日のできごとを、私は長い間忘れることができなかった。それまで気づかなかった、私自身の中にある研究心を駆り立てるできごとだったのだ。この素晴らしい出会いが私の人生を変えるだろうと、なぜか確信した。

第1部

泣き笑い、料理する、
その心にはいつもパリ

大多数の人にとって、本当のつまずきの石は失敗を恐れる心だけである。
料理では、「どうにでもなれ」という気がまえが大切。
——ジュリア・チャイルド

第1章　38歳でル・コルドン・ブルーを卒業した遅咲きの私

時は物事を変えるというけれど、実際に変えているのはあなた自身だ。
――アンディー・ウォーホル

情熱って何に置き換わる？

ル・コルドン・ブルー・パリ校の卒業式で祝辞を述べるなんて、自分探し真っ最中の私の場合、絶対に避けねばならないシチュエーション。それなのに私は、シンプルな黒のドレスを着て、手にはスピーチ原稿を握りしめていた。シャンゼリゼ通り近くのル・クラブ・デュ・セルクルの金メッキが施された豪華なアーチ型天井のせいで、私は妙に小さく見えていたと思う。この2年前、私自身が、今年の卒業生が座っているまさにその場所で、卒業証書の授与を待つ身だった。

　レストラン探訪ツアーのため、私がパリに来ることを知っていた学校側が、もしよかったらと、私に祝辞を述べる機会を与えてくれたのだ。私は深く考えもせず、とにかく感激してしまい、あっさりと承諾した。演壇まで、永遠かと思えるほど長い距離を歩く間に私の紹介は済んでしまい、拍手はすでに鳴り止《や》んでいた。私は演壇に立ち、着飾った聴衆を見回した。最前列には、若い日本人女性が見事な着物を身にまとい、その小さな両手を膝《ひざ》の上できちんと重ねていた。私の背後には、白帽子をかぶった教官シェフたちが、舞台狭しと一列に並び、待ち構えていた。私は引きつった笑顔で動揺を隠した。

私、ここで何を学んだのでしたっけ？　自分自身が人生に迷っているときに、誰かにアドバイスとか無理なんですけど？　**38歳という年齢で、世界屈指の料理学校を卒業することが自分の夢だと気づいた遅咲きの私ですよ。**それで私はいま、何をすればよかった？

飽きるほど聞かれる質問がふたつある。「料理学校を卒業したんですよね。お店は？」そして「子どもは？」私にはこのふたつの質問に対する答えはない。

学校を卒業してから、いろいろなことがあったからだ。夫のマイクはベンチャー企業に就職し、私たちはシアトルで結婚生活をスタートさせた。前進し続けた私たちは、よくある人生の浮き沈みを経験した。友人や親戚《しんせき》が結婚し、一方で離婚し、子どもを作り、病に倒れた。作家として、いままで経験したことのない華々しさと、どん底にもなんとかつき合ってきた。ニューヨークの「ジェイムス・ビアード・ハウス・レストラン」で、店内にあふれかえるような聴衆を相手に講演をした2日後には、たった3人の客しかいないサンフランシスコの書店でのイベントに出た。ちなみにその3人の客には書店の従業員ふたりが含まれていた。その翌週のミルウォーキーでは、セーターを裏表に着たおかしな女性が私にサインをせがんだ。サインは彼女のペットの猫宛《あ》てだった。私は「ミスター・ヒンクル、ウィンキー・パイさん、本を楽しんでね。魚料理のページを特に」と書いたのだ。

胸騒ぎ

パリ再訪の3週間ほど前のことだ。夫のマイクは嫌な胸騒ぎを感じていた。

「メキシコ旅行中の親父《おやじ》に合流しようと思うんだ。うまく説明できないけど、今回会わなかったら、もう一生会えないような気がしてさ」

マイクが父の待つ滞在先に到着して数分後、異変は起きた。マイクの父、フロイドはいつもと違う様子で衣装ダンスに手をつき、そのまま突然、前のめりに倒れた。マイクはなんとか父を抱きかかえたけれど、ふたりで床に倒れ込んでしまった。医者が呼ばれ、診断は軽い心筋梗塞《こうそく》の発作とされた。その後、心筋梗塞の原因となった血栓を取り除く通常の治療がきっかけとなり、フロイドは脳内出血を起こし、昏睡《こんすい》状態となった。

　マイクは手術を受けることができるマイアミの病院まで、父を搬送するためのフライトを手配した。いてもたってもいられなかった36時間の待ち時間が過ぎ、医師は、すでに手遅れだと言った。結局、私たちは何もすることができず、ただ、フロイドの旅立ちを見守るしかなかった。

　パリへ旅立ったのは、葬儀の3日後だった。私たちがやっとひと息つけたのは、シートベルト着用サインが点滅しはじめたときだった。それは不思議な解放感だった。まるで悲しみと精神的重圧からの旅立ちのように感じられたのだ。

あなたの人生を決めるもの

　まだ生々しい記憶を抱えたままの私は、演壇に立っていた。静かに期待を寄せる卒業生たちの様子をうかがいながら、私は軽くせき払いをし、スピーチ原稿を開いた。広い会場に、紙を広げる乾いた音が響き渡った。私は、誇らしげにビデオカメラを構える、舞台のすぐ下手《しもて》にいるマイクの方を見た。彼は私を励まそうと、大きく頷《うなず》いてくれた。私は開いたばかりのスピーチ原稿を、再び畳んだ。

「今日、皆さんは調理の資格を取得しました。この先、何をする予定ですか？」私は質問を投げかけた。「この中で、すでに進路を決めている人はいますか？　手を挙げてみて」数人が手を挙げた。

「私のクラスメイトが、卒業後、調理の資格をどのように活《い》かしたか、少しお話しさせてくださいね」私はル・コルドン・ブルーで出会った学友の話をしはじめた。シャロンはIT系企業で働いていたが、いまは故郷のテルアビブでコーシャー料理（コーシャーとはユダヤ教信者のための食に関する規定）のケータリング業を営みながら、シェフとして働いている。レリーは企業のマーケティング業務から、ジャカルタの料理学校経営者へ転身した。ホセは靴売り場の仕事を辞めてル・コルドン・ブルーに入学し、いまはマドリッドにあるミシュランの星付きレストランで見習い調理師として働いている。ロシアの男爵《だんしゃく》のお抱えシェフとして働きだした元心理学者のイザベラは、その後ロスに移住して、ハリウッドセレブの子どもたちにフランス語で料理を教えるクラスを開いている。中国生まれ、英国育ちのLPはロンドンで弁護士をしていたが、いま現在は上海でフランスワインの輸入ビジネスを成功させている。経営コンサルタントとして企業に戻ったものの、モザンビークのような地域の食糧不足を解決しようと、食品の流通問題について無償で分析を重ねている元クラスメイトもいる。

「よく聞かれます。〝調理の資格で何ができるんですか？〟って。でもね、**調理学校を卒業したからといって、自分を縛る必要はありません。どこに行ったっていいんだし、何をやってもいいんです」**私は続けた。**「あなたの人生を決めるのは、情熱と想像力です。可能性に対しては常にオープンでいましょう。型にはまった仕事でなくてもいいじゃないですか。**レストランやキッチンに関係なくても、それがどうしたっていうの」

「あなたが料理への情熱を抱いた理由はなんですか？　誰かに美味《おい》しいものを食べさせてあげたいという思いが、今日、ここにあなたを導いたのです。情熱を大切にしたときの成功ってどんなものかしら。お金？　名声？　それとも、その情熱を持ち続ける強さを手に入れるの？　いままで考えたこともなかった道を冒険しようとする気持ち？」

私は生徒たちの顔を見つめた。彼らは信じられないほど若かった。「これだけは忘れないでください。人生はとても短いんです。あなたが思うよりも、ずっと」

私は演壇に置かれたマイクの前で指をパチンと鳴らした。「こんなふうに、あっという間に終わってしまう」まるで井戸に小石を投げ入れたかのように、その音は会場に広がった。「いつかどうにかなるだろうって思うかもしれない。でもそのいつかは来ないことに気づくときが来ます」と言うと、私は言葉に詰まってしまった。「周りの期待に応《こた》えることだけに集中してはダメ。私も一時、のし上がってやろうと必死になっていた時期がありました。でも後になって、意味をはき違えていたと気づいたのです。あなた自身が信じるものを探してください。そして、見つけたら、進むのみ。それが大事だから」

悲しみを癒《いや》してくれた〝食〟

旅のはじめに祝辞の予定はあったものの、渡仏の本当の目的は、アメリカ自動車協会の主催する観光ツアーを案内することだった。〝パリ美食ツアー〟と銘打たれたツアーで、私とマイクは、私たちふたりのパリ生活をコンパクトにまとめたツアーに、アメリカ人観光客を案内することになっていたのだ。

マイクロバスに乗って北へ向かい、ジャンヌ・ダルクが英国により捕らえられ、後に火あぶりの刑に処せられた場所で有名なルーアンを訪れた。**目的は、（少なくとも私にとっては）絶対に外せない場所、かのジュリア・チャイルドがフランスに来て初めて食事をしたというレストラン「ラ・クロンヌ」でのディナーだった。ジュリア・チ**

ャイルドは、私の長年の憧《あこが》れの存在なのだ。彼女は調理学の学位を取得すると、『王道のフランス料理（*Mastering the Art of French Cooking*）』（未邦訳）の執筆にとりかかった。10年を超えたそのプロジェクトは、彼女のその後の人生を形成することとなる。私がジュリアと会ったのは、ル・コルドン・ブルーで学びたいと思いはじめた直後であり、その夢をひた隠しにしていた自分探し初期の時代で、23歳だった。パリで料理を学ぶなんて、当時の私にとっては実現不可能なこと。彼女は、私がその夢を打ち明けた何人かのうちのひとりなのだ。

ツアーに参加したメンバーと私たちはすっかり意気投合し、旅程中の、自由行動となっていたある晩には、全員でディナーを楽しんだほどだった。ムフタール通りにある小さなビストロのパティオで楽しい時間を過ごしていたときだ。従業員がゴムで作ったニセ物のハムと子羊のすね肉を担《かつ》いで、私たちのテーブルの横を通り過ぎた。私たちのテーブルのウェイターが、翌日、映画『ジュリー＆ジュリア』〔料理研究家ジュリア・チャイルドと彼女のレシピを再現し、ブログを書いた女性との物語〕の撮影が、ビストロ近くで行われることを教えてくれた。

翌日、私とマイクは、ジュリアになりきったメリル・ストリープが市場を歩く姿を見つめていた。パリで料理を習おうと、ル・コルドン・ブルーで学びはじめた頃のジュリアだ。遠くからでも、〝ジュリア〟の喜びに満ちあふれた明るい笑顔を見ることができた。

　私とマイクはツアー終了後の1週間を、パリでふたりきりで過ごすことにしていた。その時間をふたりで過ごせば、心身ともに解放されるのではと考えていたのだけれど、マイクも私もツアーメンバーに再び会いたいという気持ちでいた。ツアーメンバーとの思い出、マイクの父親のこと。**すべてを忘れたいがために、私たちは食べ続けた。**

　まずは私たちふたりのお気に入りのビストロをリストに挙げていくことにした。不思議なことに、お気に入りのビストロの店名には〝cochon（コション）〟、フランス語で〝豚〟が付くものが多かった。レアール市場の「オ・ピエ・ド・コション」では、間違いなくパリでいちばん美味しい、ボウルにたっぷりの熱々オニオン・スープをオーダー。店内に、刺激的で甘ったるい牛のスープストックのにおいが分厚い雲のように漂う中、溶けた塩辛いグリュイエルチーズにフォークを突き刺し引っ張って、テーブルからどれだけ離れることができるか競い合った。「オ・トロア・プティ・コション」では、分厚いフォアグラからスタート。焼きたてのトーストに、まるでバターのようにフォアグラを塗ってかぶりついた。パリ19区にある「オ・コション・ドゥ・

レ」は、派手さはないがとても親しみやすいビストロで、かつては近くの食肉解体業者の従業員たちに食事を提供していたそうだ。グリルされたステーキ、かまど、そして新鮮な赤ワインの香りが漂ってくる。多くの常連客の中で唯一《ゆいいつ》の外国人である私たちは、このビストロ自慢の一品、ロングレ・ヴィレットを注文した。これでもかというほどやわらかいステーキの上に、赤ワインを回しかけたカラメル状の玉ねぎがたっぷり載っていて、サイドディッシュにカリカリのポテトフライがついてくるのだ。私たちは目を閉じて肉を噛《か》みしめ、そして再び目を開くと、赤ワインの〝ピッチャー〟に、「その気持ち、わかるわよ」と言いたげなウェイトレスが、至極当然のようになみなみと赤ワインをつぎ足すのを見守った。

「親父もパリに来ればよかったのに。せめて一度くらいは。絶対に楽しんでくれたよな」とマイクは言った。パリを離れれば押し寄せてくるに決まっている喪失感。ふたりともそれについては話をしたくなかった。

第2章　憧れの人ならどうする？

最高の仕事は自分で手に入れなくちゃ。誰も与えてはくれないから。

——ペニー・デ・ロス・サントス（写真家）

アメリカの何が私たちを太らせた？

　私たちはあっという間にシアトルの日常に戻ってしまった。それでも、あの舞台で卒業生たちにあんな祝辞を述べた手前、私の日常ってこれでいいの？　という思いが、重く私にのしかかっていた。ついでに体重まで増えた。フランスでは、とにかく食べまくったけれど、それでも、2、3キロは落として帰国していたはずだ。マイクも体重を減らして帰国していた。それなのに、**アメリカに戻ってわずか1カ月で、なんと5キロも太ってしまったのだ。**どうやって？　そりゃ確かにパリでは連日歩き回っていた。**でも、一体アメリカの何が私たちをここまで太らせたの？**

　一般的にフランス人はアメリカ人に比べて食べる量が少なく、より新鮮な食物を選び、軽食を好む。他の欧州の都市と同様、パリジャンはより頻繁に買い物をするのだそうだ。それはフランス文化にも関係はあるだろうが、現実的な理由がある。私が初めてロンドンに住みはじめた１９９９年、学生寮サイズの小さなキッチンにある小さな冷蔵庫のおかげで、買い物の仕方を根本的に考え直す必要に迫られた。スペースがなかったから、一切「買いだめ」ができなかったのだ。パリでは、気軽に行くことができる市場が多くあったおかげで、この習慣を継続することができた。しかしその環境でも、冷凍のキッシュを買い求めるパリっ子を大勢見たし、アウトレットにあるアメリカンスタイルのファストフードに押し寄せる人たちも見ていた。**フランス人女性が太らないというのは、かつて事実だったかもしれないけれど、近年の調査では、フランス人が、長時間保存可能なアメリカ式の食品を受け入れたことが示され、国民の体重は増加しつづけている。**

パリから帰国してすぐにこれについて考えはじめて、シアトルのキャピトル・ヒルにある、約５６００平方メートルの広大な24時間営業のスーパーマーケットに行ってみることにした。商品の多様性とカートののぞき見から得られる情報に関して言えば、このスーパーに勝つのは至難の業だと思う。

その日がまさに、私があの女性とその娘に出会った日だったのだ。カートいっぱいに箱詰め加工食品や冷凍食品を積み上げていた、あの女性だ。彼女は、焼きたてのパンを売るベーカリー、総菜コーナー、寿司《すし》バー、熟練の食肉加工者の働く大型精肉店、店頭に水槽を置き、生きた蟹《かに》やロブスターを売る鮮魚店の入るスーパーの店舗内で買い物をしていた。この店は１２９種の農産物を扱い、その３割がオーガニックだとの看板を出してもいた。これほどまでに選択肢がありながら、なぜ彼女は積極的に、箱詰めや缶詰めを手にしていたのだろう?

精肉店で従業員の男性が鶏肉《とりにく》のさばき方を彼女に指南した後、私たちは話をしはじめた。「箱入りの食品は失敗しないから」と彼女は説明してくれた。「料理をきちんと習ったことがないんです。私が小さい頃は、母が料理をしてくれたけど、高校生になったあたりで、母の仕事が忙しくなっちゃって。だから私も兄も冷凍食品を食べるようになってしまって」

さよなら、〝グルメの幻想〟

その日の午後、私は考えこまずにはいられなかった。私が教えた方法を聞いて、彼女が感激してくれたのはわかっている。**彼女はとても知的だったし、よき母親でもあ**

るだろう。でも料理の話になると、とたんに彼女は自信を失い、いらついたのだ。時間に追われているうえに技術もないのだから、手順を省略することが唯一の方法であるという点については、最後まで譲ろうとしなかった。

「インスタントのマッシュポテトも悪くない」なんて、普段の私の生活には紛れ込まないタイプのセリフだ。フードライターとして、私自身が〝グルメの幻想〟と名づけた場所に紛れ込むことはよくある。誰もが流行《はや》りの野菜の名前や、とびきり美味しい地元の桃の品種名、スモークされた鴨《かも》のプロシュートなんて魔法の言葉をさらりと使う場所だ。有名シェフをまるで知人であるかのように話題にし、有名なフランス料理本のレシピをどれだけ試したかと議論するような場所でもある。誤解されたくはないのだけれど、確かに、バブリーな生活は楽しい。ただ、ほとんどの人はそういう世界には住んでいない。普通の人々は、スーパーマーケットの中のいちばん目立つ通路で買い物をする。そう、私が出会った女性のように。その日の午後、私は、その幻想的な生活を捨て去る決意をした。

料理するってどういうこと？

数日後、テレビで偶然、イギリス人シェフのジェイミー・オリバーのインタビューを見た。彼はイギリス人がなぜ肥満に悩まされているのか現状を話していた。「原因は、料理をしなくなったことだと思うんですよね。だから不健康になってしまった。そうでしょ?　安物のフィッシュ&チップスや、パック入りの食品で済ませちゃうんだから。だってフライドポテトなんてディナーじゃないでしょ?」ジェイミーは次第にトーンを上げ、イライラしながら、キュートなブリティッシュアクセントをよりいっそう強くした。**「もし僕が何かできるとしたら、何かひとつを変えることができるとしたら、それは、料理は全然難しくないってみんなに気づかせることだよね。料理って本当に簡単だよ」**

彼の言葉が頭の中をぐるぐると回っていた。女性と、カートに山盛りの加工食品、料理は難し過ぎるという考え。ライター魂が燃え上がる。私はすべてのことがどのように関係しているのかを考えはじめた。ジェイミーが言う「本物の食材で調理する人が減れば減るほど、家庭であれ、外出先のファストフード店であれ、加工食品や簡単な食品への依存が高まって、肥満の問題に直面することになる」という、彼の主張を裏付けるいくつかの研究結果も探し出した。そう、**多くのケースで、自炊すればするほど、体重は減るのだ。**

なにより興味深かったのは、私がスーパーで出会った女性は、自分は実際に料理していると思い込んでいたことだ。彼女にとっては、箱を開けて中身を使って何かをすることは、夕食を作ることだった。私はそれに賛成できないけれど、どちらが正しいのか、間違っているのかという話でもない。研究者たちでさえ、何をもって調理と定義するのか、意見が一致していないのだ。多くのフードライターが、家庭で調理する機会が減ったと言っているのに、これに関するリサーチは一切見つけることができず、驚いた。もちろん、人々の調理時間に関する研究はいくつかの機関で行われてきている。たとえばハーバード大学のチームが、**調理に費やす時間は平均27分であり、それは1960年代の約半分ほどである**と導き出している。

「調理時間が減少しているという考えがあり、人々が調理しなくなったと言われています。でも、これはさほど明確なことではありません。つまり、食べ物の調達には、いろいろな方法があるってことなんですよね」食料に関する歴史学者であり研究者で、10年以上にわたり、人々の調理方法を研究してきたバーモント大学のエイミー・トルーベック博士は言った。「人間は、自分がよいと思った食物や、健康的だと思う食物を調理する傾向にあります。それなのに、食物をとりまく環境については、とても難しいと考えるのです。**アメリカ文化に〝時間不足〟という考えが浸透していて、それは人々に〝時間が足りない〟という感覚をもたらしています。そして、時間がなくてできないものの筆頭に、調理をあげる人が多いのです」**彼女はこれをスポーツジムにたとえて言った。「誰でも運動の必要性は理解していますよね。だから、週に5日、ジムに行くと決めます。でも、誰も実際には行きませんよね」

スーパーで出会った女性は調理に関して、自信も技術もなかった。彼女は自然食品をどのようにして食卓に出せばいいのかわからず、結果として、選択肢を少なくしていた。しかし、**そこに問題がある。調理できなければ、財政面にしか興味のない企業の恩恵にあずかることしかできなくなる。**

「料理できない」と思いこまされた人びと

『キッチンの秘密：クッキングの意味（*Kitchen Secrets: The Meaning of Cooking in Everyday Life*）』（未邦訳）の著者であるフランシス・ショートは、消費者は健康的な食品を口にしたいと考え、またそういった食品の情報を積極的に得ようとするが、それを行動に移せなかったら、何も変わらないと言う。「焼いたり蒸したりできるのは、焼いたり蒸したりする方法を知っている人だけである」とショートは書いている。

トルーベック博士は、私がスーパーで出会った女性にしたことは彼女にとっては目覚めとなり、よいきっかけになるだろうと言ってくれた。「**でもそういった目覚めも、くり返しの行動に結びつかなければ意味がありませんよね。知識が訓練に結びつき、訓練が習慣に結びつくとはそういうことです**」

ジュリア・チャイルドがあのようなインパクトを人々に与えた理由のひとつは、彼女には、人をソファからキッチンに導く特殊な能力があったからだ。彼女がポタージュ・パルマンティエ〔じゃがいもの温かいスープ〕を作る姿を見た視聴者は、実際に重大な行動に打って出た。そう、スープを作ったのだ。彼らはポロねぎを探し出し、じゃがいもを刻み、チキンストックまで実際に作った人もいただろう。それなのに、**いつ頃からかは定かではないけれど、視聴者はキッチンに立つことをやめてしまった。調理は、いわば見学するものになってしまったのだ。**ジュリアは魚をおろし、骨を抜き取る作業を視聴者に見せていたというのに、専門家が「退屈でメチャクチャな見世物」だと酷評するような料理番組や、『アイアン・シェフ・アメリカ』〔アメリカ版『料理の鉄人』〕のようなリアリティーショーが増えていった。視聴者がその流れに乗るなかで、テレビ局の重鎮たちも調理方法の指導よりはエンターテイメントに重点を置いたことを認めたのだ。

「私はウィンブルドンを観戦しますけど、それは私のテニスプレイヤーとしての技量とは一切関係ありませんよね」とトルーベック博士は言った。「ウィンブルドンは美しくて審美眼を鍛えられますけど、私のバックハンドを上手にしてくれるのは練習だけですから」

１９６０年代、ジュリアは材料を箱に入れて販売すること、何かを温めるだけという作業を調理の一部と見なすことに抵抗していた。

私たちは専門家や政府が葉物野菜をたくさん食べるべきだと説教する世界に住んでいるというのに、砂糖まみれのシリアルが栄養たっぷりの朝食だ、なんてメッセージを浴びせられている。サブウェイのサンドイッチが魔法のダイエット食と謳《うた》うコマーシャルを見ている。料理番組の有名女性司会者は笑顔で「グレイビーソースを作るのは面倒ですよね。だったら、瓶入りのものを買っちゃいましょう」と言い、視聴者に「にんにくを刻むのは時間がかかり過ぎるから瓶詰めが便利よ」と呼びかける。

公平を期すために書くが、食べるという行為にとって手軽さは最も大切であると訴える、こういった呼びかけは、ただの宣伝文句のひとつだろうとは思う。**自分や自分の大切な人に栄養を与えることが何より重要**であると、私たちが忘れてしまうのも無理はない。私が女性のカートに入っていた食品を見て打ちのめされた理由は、そこに

栄養という概念がなかったからなのだ。

　インスタントのパルメザンパスタの材料を考えてみよう。製品のゴールは、パルメザンチーズとオリーブオイルの風味をパスタに加えることだと製造会社のスポークスマンは私に教えてくれた。3種の食材を置き換えるために、彼らが使用したものは27種の材料だ。多くは化学薬品である。これらすべての材料の口当たりをよくするため、多くのコーンとグルタミン酸ナトリウム、部分水素化油脂が添加されている。この3種すべては、二度にわたって記載されている。すべての材料は、パスタ、オリーブオイル、そしてパルメザンチーズの風味を出すためだけに使われているのだ。

　パスタを茹《ゆ》で、オリーブオイルを回しかけ、新鮮なパルメザンチーズをすり下ろせばその味は誰にでも再現できるはずだ。どんなに料理が苦手な人だって、にんにくを刻む方法は1分もかからず習うことはできる。それでは、たった2分の調理時間を節約したい消費者に、企業側はどうやって箱いっぱいの化学物質と粉末ミルクと高カロリーの油まみれにしたちょっとオシャレな軍用食みたいなパスタを売るのだろう？彼らは消費者に、パスタを茹でてオリーブオイルを回しかけ、チーズをすり下ろす行為よりも、消費者の調理知識ははるかに足りないと思い込ませるのだ。

何十年にもおよぶ巧みなマーケティング戦略が、私がスーパーで出会った、簡単なソースさえ作る技術が自分にはないと思い込む女性を作り上げたのだ。彼女を責めることなんてできるだろうか?

〝ワードローブ・チェック〟みたいに〝キッチン・チェック〟を

ある晩、ケーブルテレビでファッション番組を偶然見たときに、これまでの考えはひとつになったと思う。髪をきっちりと整えた番組司会者ふたりが、ゲストに招いた一般人の1週間のワードローブをチェックし、服のセレクションを批評し、何を着るべきかアドバイスするという番組だ。その週は、疲れきったように見えた専業主婦を、髪にブロンドのメッシュを入れた、シックで颯爽《さっそう》とした女性に変身させた。司会者のふたりは、そのスタイルをキープできているかチェックするため、2カ月後に彼女の家を訪れた。彼女はスタイルをキープし続けたうえ、どうしても落とせなかった「最後の3キロ」の減量に成功し、キラキラと輝いていた。**「あなたたちが背中を押してくれたんです。変身するための勇気をもらいました。自分が変わらなくちゃいけないってわかっていたから。いまは自分に自信があります」**

私はカウチからすっくと立ち上がった。

黄色いメモ用紙を手にし、賃貸マンションのキッチンのリフォーム案を隣の部屋で考えていたマイクに話しかけた。

「とんでもないアイデアが浮かんじゃったんだけど……」私は話しはじめた。「またかよ、カンベンしてくれよ」と彼はジョークで返し、手にしていた鉛筆を机に置くと「何か食べる？」と言った。

彼の得意料理、鶏肉と野菜のタイカレーと玄米を作る間、私はイスに座って話をした。

「どうやったらもっと料理をしたいって気持ちにさせられるのか、考えてみたい。いままでとは違ったレッスンだよね。どんな学びが定着するのか見てみたいんだ」でも、そのためには、いままでどうやって料理をしてきたのか、なぜその選択をしたのかを、事前に私自身が知る必要がある。**私自身が実際に生徒となる人たちの家を訪問して、冷蔵庫、冷凍庫、食器棚を見せてもらうのだ。そう、クローゼットを見せてもらうのではなく、キッチンを見せてもらうのだ。**

「普段作っているものを、目の前で作ってもらう。そうすればどうやって料理しているかがわかるよね。それから、足りない技術を学ぶことができるように、レッスンを組み立てる。その後、各自がどうやって料理しているのか、もう一度見せてもらうってわけ」

彼はカレーにココナツミルクを注いだ。「ね、どう思う?」

「あのさ、その生徒さんだけど、どこで見つけてくるわけ?　全然知らない人をいきなり家に入れようなんて人、どこにいるんだよ?」

「さあ、それはわかんないよ。その点についてはまだ考えてないけど。だっていま考えついたアイデアだもん」

ココナツとカレーのにおいに包まれたキッチンはシーンとして、彼が持っている中華鍋《なべ》の底に当たるレードルの音だけが響いていた。

彼はカレーを食べつつ、「僕らのキッチンはレッスンをするには狭すぎる」と言った。「友達のエースが使ってる業務用キッチンはどうだい?」私はほっとしながら、

「じゃあ良いアイデアってこと?」と聞いた。

「まあ、よいアイデアだとは思うけど、誰かの料理を無理やり変えるなんてできないだろ。ほら、古いジョークにあるよね、『1個の電球を取り替えるために、何人の精神科医が必要か?』っていうやつさ」

「ひとりでしょ」私は答えた。「『ただし、電球が本当に変わりたいって思っているこ

とが大切〔本人が変わろうと思わなければ何も変わらない、という意味〕』ってジョーク」「その通り。君がいまのアイデアを基本に誰かに料理をして欲しいと思って技術を教えたとして、たぶんその気にさせることはできるだろう。でもさ、誰にだって、それぞれに人生がある。とても複雑な人生が。**それに、変わりたい人は、誰かに言われなくても変わらなくちゃダメだとわかってる**と僕は思う」私は頷いた。彼は私にボウルに入った米と鶏肉入りのレッドカレーを手渡すと、「まあとりあえず、食べなよ」と言った。

〝塩ひとつまみ〟がわからない……

物書きの仕事の一環で、私は地元の長寿ラジオ番組にゲスト出演することになっていた。司会はシアトル在住のセレブシェフ、トム・ダグラスとティエリー・ロートローのふたり。１９９０年代にレストラン批評家として活動していた頃からふたりのことはよく知っていた。人気レストラングループのオーナーであり、『アイアン・シェフ・アメリカ』の優勝者であるトムは、料理人の象徴としても、また有能なビジネスマンとしても目覚ましい成功を収めていた。それにもかかわらず、彼は地に足のついた人だ。ティエリーを見ると、フランスで師事したシェフたちを思い出す。彼自身、フランスのレストランで14歳から見習いとして働きはじめ、そしていまの地位まで登りつめた。彼は「ローバーズ」そして「リュック」という素晴らしいレストランを経営し、また料理に関するラジオ番組のホストを務めていた。リスナーが電話で冷蔵庫や食品収納棚にある材料を彼に教え、彼はその食材で作ることができるレシピをリスナーに教えるというわけだ。ふたりとも食のアカデミー賞と呼ばれるジェームス・ビアード賞を受賞しているし、その他の食に関する賞も多数受賞している。もっと書けば、ふたりとも大人気番組『トップ・シェフ』に出演していた。

　気楽な雰囲気のスタジオでヘッドフォンを着けると、ティエリーが、番組中に飲むために持ち込んだ、素晴らしいフランスの赤ワインを勧めてくれた。私はふたりにスーパーで出会った女性のこと、そして私自身が家庭料理という分野で何を学んできたのかを話した。私の話はトムとティエリーの興味をかき立てたようだった。

「偶然出会った女性だって？」ティエリーは聞いた。

「スーパーでたまたま出会った、まるで勧誘レディの君についてきたって？」トムは疑うように言った。

　ここで私は、自分で調べた統計値について話しはじめた。たとえば、**アメリカ人は購入した食品の約３分の１を捨てている**ことについてだ。私はふたりに自分のプロジエクトのことを話し、彼らのリスナーに協力を仰ぎたいと伝えた。

「卵も茹でられない人が、冷蔵庫を開けて中に入っているものを見つくろって、何か料理できるようになるまで、どれぐらいかかると思う？」ティエリーは聞いた。

「それは、やってみなければわからないけど」と私は答えた。

　トムはマイクの向こうで頷いていた。

「それに、料理が楽しいって気づいてもらえると思う。時間つぶしには最高でしょ」

　そして私たちはリスナーからの電話に答えはじめた。「番組の合間にコマーシャルが流れるラジオ番組って、昔ありましたよね。エバミルクを使ったレシピを宣伝するコマーシャルがあったはずです。女性がすごいスピードで、いろいろなレシピを1分ぐらいで読み上げてました。いま、ああいったレシピをまったく理解できない人が多いのが驚きです。単語さえ知らないみたいで。**料理や食品の基本を理解しない人が多い世の中になっているんですよ**」と、ある女性は言った。

　トムは女性にお礼を伝えると、私を見た。「料理の知識が足りないことについては、どう対処するつもり？」

「そうね。それは興味深い指摘だわ」と、私は答えた。「レシピの書き手が、〝トロトロになるまで煮込む〟なんてフレーズを使わなくなってきたというのもありますよね。

代わりに〝フタをして、オーブンの中で煮る〟なんて書くようになったので。なぜか**というと、〝トロトロ〟なんて言葉、もう理解されないから。キッチン用語が蒸発しちゃったんですよ」**

「でも問題は、その〝トロトロ〟だけじゃないよな」とトムは言った。「**〝塩ひとつまみ〟がわからないっていう人もいる**からね。ひとつまみって、何よそれ? みたいな」

切実なメール

番組に出演して家に戻ると、メールボックスに20通以上のメールが届いていた。週末には、もっとたくさんのメールが届いた。

すべてを読んでみて、番組での私たちの会話が視聴者の心の琴線に触れたことがわかった。文面には、罪悪感、羞恥心《しゅうちしん》、そして哀愁がにじんでいた。

「19歳のとき、感謝祭を過ごしていた彼の両親の家で、サラダを作るよう頼まれました。**どうやったらいいのかわからない私を、彼の家族はからかったんです。**それ以来、もう二度と料理はしたくないと考えるようになってしまいました」と、ある女性は書いていた。「私はどんな材料を使っても、最高に美味しい料理を作ることができるおばあちゃんに育てられました。そんな私は、何年も簡単で便利な冷凍食品とインスタント食品で暮らしています」と書いた女性もいた。彼女は料理番組の中毒だとも書いていた。ありとあらゆる有名料理番組を見ていたのだ。「それなのに、自分が作るとなると、一体何をしていいのかわからないのです。**インスタント食品を食べながら、ゴードン・ラムゼイの料理番組を見るなんて本当に恥ずかしい**ことだと思います」

すべてを読み、私はその中から10人〔最初は9人の女性とひとりの男性を選んだが、男性はクラスがはじまる前に辞退した〕を選んで、シンプルに「プロジェクト」と題した取り組みのメンバーに入れた。**「料理下手」「料理を習いたい」と自己分析しつつも、インスタント食品や加工食品に依存するという共通点。しかし、背景にある物語は十人十色だった。**私はその10人に、候補となる日時以外は、ほとんど何も情報を伝えなかった。ミステリアスにしたかったわけじゃない。私も何をしていいのかわからなかったのだ。

私、一体何をやらかしちゃったの？

キッチン初訪問①サブラ　両親との〝思い出の味〟がマクドナルドの女

マーガリン依存症

「これがいわゆる、貧乏人のガーリックブレッドってやつよ」と、ふわふわした髪が美しい23歳の女性、サブラが言った。彼女は体にぴったりフィットする青いTシャツに、破れたジーンズを穿《は》いていた。「これは、私が母から教えてもらった数少ない料理のひとつ」彼女はやわらかいハンバーガーバンズを半分に切り、マーガリンをたっぷり塗って、そこに市販のガーリックソルトと、缶入りのパルメザンチーズを振りかけた。半ダースのバンズに同じ工程をくり返すと、彼女はベーキング・シートを白くてきれいなオーブンに敷いた。

サブラは私が最初に会った、プロジェクトの参加者だった。シアトルから車で1時間ほど北に進んだ、古い材木の町の住みやすそうなマンションで、ボーイフレンドと暮らしていた。備え付けのキッチンは、小さいけれど片づいていた。リビングルームには、前日彼女が保護した子猫がたどたどしい足取りで歩いていた。

バンズが焼かれている間、サブラはオレンジ色のプラスチックのグラスに注いだレッドブルとピーチソーダを混ぜた物を飲みつつ、自分の好物について居心地が悪そうに話した。**「マーガリンが、すっごく好きなの」と、500グラム入りのマーガリンの箱を持ち上げながら彼女は言った。**

〝ガーリックブレッド〟と呼ばれたモノと、レンジで13分調理したインスタント食品のラザーニャが彼女のランチだった。レンジで調理が進むなか、棚、冷蔵庫、冷凍庫の食品をチェックさせてもらった。冷凍食品9種、ハンバーグヘルパー6箱、マカロニチーズのインスタント食品が5袋、カップヌードルが半ケース、そしてケースに入った残りのレッドブルを発掘した。サブラとボーイフレンドは大量のアルコールを揃《そろ》えていて、パントリーの残りのスペースは38本のボトルで埋め尽くされていた。

冷蔵庫の野菜室は、買ったばかりのブロッコリとカリフラワーで埋まっていた。これは彼女としては珍しいことだそうだ。最近受けた子宮がん検査で前がん状態の細胞が見つかり、治療は可能であるものの、がんを罹患《りかん》した経験のある人間が多い家系の彼女としては、心配な兆候だった。医師はサブラに果物や野菜の積極的な摂取を含む、徹底した体重管理を勧めたのだそうだ。

継母との関係

サブラを私のプロジェクトに推薦したのは、実は彼女の継母だった。継母とは私の友だちのリサのことで、料理学校を卒業し、パートタイムでシェフをしている。マヨネーズは定期的に自分で作るタイプの女性だ。

２００６年、私は初めて書いた本に掲載するレシピのテストを手伝ってくれる人物を探していた。広告欄に、高い時給と変な時間帯での求人を出し、24時間以内に85人もの人が応募してくれた。数年にわたり一緒に働くなかで、リサはサブラの食生活に関して、不満が溜《た》まっていることを私に打ち明けるようになっていた。

彼女が20代前半で結婚した夫は、サブラの主要養育者だった。そのときサブラは6歳。リサが野菜を添えたローストチキンやサラダなどの夕食を作って出すと、幼いサブラはイスにふんぞり返って腕を組み、いっさい手をつけようとしなかったという。夕食を拒否するとサブラは、近所に住む実母に電話するためテーブルから逃げ出した。サブラはリサの出す食べ物がどれだけ嫌いかを延々と電話で説明し、リサはそれをいつも聞かされていたそうだ。数分後には車のクラクションが鳴り、実母がサブラをマクドナルドに連れていくのが常だった。

「うん、もちろん、マクドナルドは大好き。両親が離婚した後は、一緒にマクドナルドに行くことで愛情を示してくれていたから。私をいつもマクドナルドに連れていってくれた人が、私をいちばん愛してくれていた人ってこと」

サブラはガーリックブレッドをチェックしていた。私は考え込んだ。これって食に関する問題？　マクドナルドに行く時間は、彼女にとっては実母と過ごせる時間だったってことなんじゃないの？

若いから大丈夫!?

彼女の通常の食事内容に基づいて計算すると、彼女は毎日、約２００グラムの砂糖を摂取している計算になる。サブラの選択は、値段、簡単さ、そして私たちだれもが持っている「自分だけは病気にならない」というメンタリティーで支えられていた。

ファストフードのように不健康な食品を、幼少期に食べ続けた〝味の記憶〟。いまの彼女はその悪影響の象徴のようなものだ。誰にだって懐《なつ》かしい味というものはある。

その味は、子どもの頃に感じた安心と愛されている感覚に裏打ちされたものだ。これが、彼女のマーガリンとマクドナルドへの依存に関わっているはずだ。しかし、そんな問題以上に、彼女は夕食を作るよりもカクテルを作ることばかり考えている。それは明らかだった。

第3章　包丁とは永遠に苦楽をともに

レッスンのハイライト☞キッチンの道具、切り方の基本、そしてなぜ包丁は数本しか必要ないのか。

紙オムツを片手に10人の女立ち上がる

とある爽《さわ》やかな6月の夕暮れどき、参加者全員がキッチンの中に立っていた。一人ひとりにエプロンと、ノートと、紙オムツを手渡した。

紙オムツを持って首をかしげている参加者に「これってふきんとして使うと最高なんだ」と、リサは説明した。

「真ん中がパッドになってるでしょ。ミトンのように使えるのよ。熱いフライパンを持ったりね」

私たちのどちらも口にしなかったが、紙オムツはすごく安い。

シャノン（104ページ「キッチン初訪問③」参照）は紙オムツを1つ手に取ると、笑った。

「うちにもまったく同じものがあるけど、まさかキッチンで見るとは思わなかったわ」

　紙オムツを片手に、メンバーはマスキングテープに名前を記入していた。名札を買うことを思いつかなかったのだ。全員が気にせず名前を書くと、マスキングテープを勢いよくパーンと胸に貼《は》り付けた。

　マイクが私に言ったように、私たちのキッチンは一度に数人しか教えることができないほど狭かった。一度に10人以上が入ることができるキッチンを探すことは、想像以上にやっかいなことだった。1回目のクラスが開催されるほんの数日前、私はなんとかケータリング業者が所有しているキッチンを借り受けることができた。

　キッチンのオーナーは、レンタルに必要な、営業許可証、保険、そして調理に必要なヘルスカードの提示を求めた。リサと私は3時間ぶっ通しで数百人の調理師見習いとともに、キッチンの衛生と安全の授業を受けた。短くまとめると――**最低でも20秒間は手をよく洗え、「ハッピーバースデー」を2回歌うとだいたい20秒だ。それから車のトランクで肉の解凍をするな**ってことだった。

　すべてが整って、オーナーはカギを手渡してくれた。それは豪華なキッチンではなかった。1950年代に店先に作られたもので、最近ではピザ屋として使われていたらしい。極端に傾斜した窓は、古いドラマのセットのようだった。台形の部屋は、そもそもコインランドリーかクリーニング店として作られたのではと思わせた。近所にはごみごみとした住宅街、中華料理の店、中古車販売店、小さな古びたモール、そしてモヒートが人気のキューバ系の店があった。

どうにかこうにか、オーナーはこの場所を上手に稼働《かどう》させていた。壁の一方にごつごつとした6口のガスコンロがあり、横にはグリルと使い込まれたパン焼きオーブンがあった。2メートル×2・5メートルの大きさのウォークインクーラー〔人が中で作業することができる冷蔵庫〕を補助するステンレスのかっこいい冷蔵庫が2台、もう一方の壁に並んでいた。効率を重視した棚が部屋の周囲に配置され、そこにはケータリング業者のキッチンにありがちなものが積み上げられていた。皿、サーブのための道具、業務用サイズの油、酢、調味料、スパイス、プラスチックの箱、ボトル、ピッチャー、グラスの入った箱、調理器具、積み重ねられたフライパンとボウル。部屋にはかすかな床用洗剤のにおいと、調理後のにおい、そして玄関のプランターにはラベンダーが植えられていた。

オーナーはポストイットに書いたメモをキッチン全体に残していた。そのメッセージは思いっきり甲高い調子のものからヒステリックなものまであった。「ケータリング用途以外お断り！」「絶対に電気を消し忘れるな！」なんとなくクセの強い場所であったにもかかわらず、たぶんそれが理由で私はこの場所が気に入った。何度か「ハッピーバースデー」を歌いつつ手を洗い、白いエプロンのポケットに紙オムツを突っ込んだ参加者たちは、不安な様子で包丁をじっと見つめていた。

家の数だけ包丁あり

私の指示通り、参加者一人ひとりが自分の包丁を自宅から持ってきていた。部屋の真ん中に集められたステンレスのテーブルの上に、様々なタイプの包丁が置かれた。これにより、プロジェクトは正式にスタートした。

私は包丁を見ていった。サブラはぎざぎざした刃の包丁5本セットを20ドルで買った。理由は「かっこよかったから」と彼女は言った。トリッシュ（187ページ「キッチン初訪問⑥」参照）はカコ社のカスタムメイドの包丁を持ってきていた。彼女が以前所有していた家のキッチンの浅い引き出しに合うように作ったそうだ。彼女は、どんな料理も切れ味のにぶった野菜用包丁1本しか使っていないと認めた。ドナ（137ページ「キッチン初訪問④」参照）は結婚のプレゼントだったという、まったく手つかずのパンパードシェフ社の包丁11本セット（刃を保護するプラスチック付き）を持って現れた。シェリル（293ページ「キッチン初訪問⑩」参照）は自分の包丁というよりは、引き出しごと持ってきているようだった。とても古いギンス社の包丁から、カーボン製の大包丁、そして夫のハンティングナイフセットまで持ってきていたのだ。シャノンはドイツ製の高価な包丁セットを持ってきた。ずいぶん昔に結婚のプレゼントとしてもらったらしい。アンドラ（173ページ「キッチン初訪問⑤」参照）はバスを乗り継いでキッチンに来ていた。「ごめんなさい、大きな包丁は家においてきたわ。大きな包丁の入ったバッグをバスに持ち込みたくなくて」と彼女は言った。

「よし、いいわよ、それじゃ、お気に入りの包丁を見せてくれるかな。いつも使っているものよ。持って見せてくれる？」参加者全員が包丁を握って持ち上げた。まるで中世の祝祭の席で、自らの剣が点呼でパスできないのではと恐れる、アルバイトの騎士のようだった。**万能包丁**〔本格的な調理に使う、シェフナイフ〕**を持ち上げたのはひとりだけ**。私はメンバーに手を下ろすように頼んだ。私はなぜ万能包丁を使わないのか全員に聞いてみた。

「だって怖いから」トリッシュは言った。「とても大きいし」

サブラはイラッとした様子でこう言った。「何が違うっての。包丁は包丁でしょ？」

「だってとても高そうだから」とアンドラは言い、万能包丁をじっくりと観察した。

「利用価値は人それぞれよね」と私は答えた。その範囲を見せようと、リサが厨房《ちゅうぼう》用品店に行き、ムンディアル社のプラスチックの柄の万能包丁を調達していた。これはレストランであればどこでも使われているものだ。私は25ドルのオクソー社の包丁を米国のディスカウントストア、ターゲットで、そして10ドルの包丁をイケアで購入していた。私はそれを、自分の包丁コレクションの横に置いた。ヴィストホフ、旬（貝印）、ヘンケルス、グローバル、サバティエ、そして京セラのセラミックナイフのコレクションだ。「包丁って言葉が何度も出てくる本を書いたものだから、たくさんもらっちゃってさ」と私は説明した。「次の本のタイトルは『ダイヤモンド、現金、それとも小型ジェット機』がいいかも」

″鋼《はがね》″と″フィーリング″

私たちは、包丁の解説を進めていった。「わかるとは思うけど、刃は鋭いものです。刃の背側の尖《とが》っていない部分を、『背』と呼びます。本と同じだよね。ほとんどの包丁には、柄の近くにボルスター（ツバ）と呼ばれる、金属の厚みがあります」

「でも、このヴィストホフを見てくれる？」私は手のモデルのようなしぐさで、包丁の長さを示した。「これ、私たちは『フルタング』と呼びます。ナイフの中子《なかご》（柄に入っている部分）が柄の末端まで伸びているものです。リベット（目《め》釘《くぎ》）で固定されています。ボルスターは重く、包丁のバランスを保てるようにできています」私はその包丁を置き、かわりに安価なレストラン用ナイフを持ち上げた。「わかる？　たぶんハンドルの中には数センチしか中子が伸びていないと思う。次に、このナイフにはボルスターがありません。平らですよね」これは、この包丁が金属のシートから型抜きされたものだということを示している。クッキーの型抜きのようなものだ。ボルスター付きのナイフを作ろうと思ったら、鍛造技術が必要となり、それにはより複雑で、人間の関与が必要なプロセスが必須《ひっす》で、価格は高めになるというわけだ。

「包丁を買うときに考えるべきふたつのキーポイント。それは、〝鋼〟であること、そして〝フィーリング〟です。あなたに必要なのは、よい状態を保つことができる鋼の包丁なんです」すべての鋼が同じ工程で作られているわけではない。より硬い鋼のほうが研ぎやすく、それによってより鋭い包丁になってくれる。でもとんでもなく硬い鋼は砕けやすいし、メンテナンスがややこしい。

　硬さを言いだすと複雑な指針があるが、**小売りされている包丁のほとんどについて注目しなければならないのは、実はカーボンの含有量だ。**「カーボンは鋼をより強くします。〝高炭素鋼〟なんて言葉を探してみたら、すぐに見つかるわ」現状では、スイスのアーミーナイフで有名なヴィクトリノックスが高炭素鋼の包丁を製造しており、万能包丁はだいたい30ドルぐらいから手に入る。

「消費者が気にしないんだから、ナイフのマーケティング担当者だって鋼のことなんて話題にしないよね」とリサは同意して言いだした。「その代わり、たくさんの機能を付けて消費者の目をくらませる。消費者はお得感のあるものが好きだってわかっているから、安い包丁のセットを売るのよ。でも、現実はその包丁すべてが必要ってわけじゃない」

「はい、これが私が使っている包丁よ」私は20センチの長さの、かなり幅の広いドイツ製の包丁を手に取った。「ル・コルドン・ブルーの訓練で使ったのは、この包丁1本です。私の小さい手には、すごく重い包丁です。でもなぜか、この重みがしっくりきたの。包丁が手に馴染《なじ》むかどうかは〝フィーリング〟がすべて。包丁を多く取りそろえている調理器具のショップとか、厨房器具を売る店に行ってみて。違いや重さ、ハンドルのグリップなんかを確かめてみてほしい。**使い勝手のよい包丁というのは、人それぞれなんです**」

「次に、**本当に使う包丁だけ買って欲しいってこと。最初は性能のよい万能包丁。それに追加して、果物ナイフ、それからパン切り包丁**」私は自分のドイツ製のパン切り包丁をみんなに見せた。「しっかりとメンテナンスすれば、よい包丁は長持ちします。

母がこの包丁を誕生日のプレゼントに買ってくれたのが20年前のことです。彼女がくれたプレゼントのなかで最高のものと言えるわね」

「菜切り包丁は？」とトリッシュが聞いた。

「万能包丁や果物ナイフを使えない人が、菜切り包丁を使う意味があるのかは、正直疑問です」と私は言った。「私は万能包丁を調理の過程の9割で使います。果物ナイフは本当に、たまに。ル・コルドン・ブルーで買ったセットに入っている、骨スキ包丁と肉切り包丁は年に数回かもしれません。フィレナイフは何カ月も使ってませんね。私の友人でシェフのテッドは4本の包丁を使っています。万能包丁、果物ナイフ、パン切り包丁、そしてフィレナイフ。それだけ。彼はプロのシェフ歴12年よ」

ドリ（262ページ「キッチン初訪問⑨」参照）は眉毛《まゆげ》を上げて頷《うなず》いた。「教えてもらってよかったわ」彼女は言った。「私の家計では、よい包丁は1本しか買えないし。300ドルのセットを見て、絶対に無理だって思ったもの」

「30ドルから50ドルぐらいで、ちゃんとした包丁は買える。安い包丁セットを買うよりもお得なんだから」と私は言った。「正直に言わせてもらうと、**もしキッチンの中のものに投資するんだったら、よい包丁を買うのがいい。ちゃんと使えば20年から30年はもってくれるから**」

包丁の正しい持ち方

私は時計に目をやった。「よし、見ているだけはもう終わり。万能包丁を見つけて、持ってみてちょうだい。私の包丁でよければどれを使ってもいいから」女性たちはバラバラになって、ステンレスのテーブルを囲みだした。

シェリルは、近くにあったヘンケルスの包丁を手にした。彼女は息子のリアムを胸元のベビーキャリアで抱えていた。「ベビーシッターが見つからなくて」彼女はクラスの最初に説明してくれた。「大丈夫、いつもこうやって料理してるから」何本もの包丁の山の横に赤ちゃんを見るなんて珍しいとは思う。リアムは尖ってキラキラしたものに手を伸ばしていた。シェリルは彼の小さな手を引き、頭にキスすると、「ああ、ダメよ。これはあなたのものじゃないの」と言った。

「包丁の握り方を見せてくれるかな」私が料理学校へ通う前に握っていた方法で、参加者全員が包丁を握っていた。それは包丁の持ち手部分を握る方法だった。

「包丁の首を絞めちゃだめ」と私は言った。「どちらかっていうと、**握手する感じで握るの。手のひらに包丁の柄を沿わせて、そっと包み込むようにする。親指と人差し指で、刃と柄がちょうど合わさった部分をつまむようにする。ここの部分がボルスタ**

ー。こうすることで、残りの3本の指を柄に巻き付けるようにできるの」

私はメンバー全員が、眉間《みけん》に皺《しわ》を寄せ、不器用に包丁を握ろうと努力する姿を見ていた。リサと私はテーブルの周りを歩き、メンバーの包丁の握り方を見て、調整して回った。これは私が初めてル・コルドン・ブルーのキッチンに足を踏み入れたときと同じだった。シェフのブルーノ・スティルは私のところで止まって、私の真新しい包丁の握り方を直してくれた。「ノン」と彼は言い、私の手をやさしく開くと、指を正しい位置に置き直してくれた。彼は食材を切るときに使う「ロッキング運動」を、私の手を握りながら示してくれた。「ウィ。君の手と包丁はひとつにならなくちゃ」と、彼は笑いながらフランス語で言い、去っていった。一度このフランス語のフレーズが頭に入ったら、二度と忘れることはなかった。包丁のレッスンでこんなに懐かしい気持ちになるとは想像もしていなかった。

「どんな感じ？」と聞くと「変な感じ」とサブラは答えた。他のメンバーも頷いた。

「ゴルフクラブを握る感じに似てない？」とトリッシュは、彼女の手と突然一体化したように見える包丁を観察しながら言った。

「こうやって握る理由は、刃をよりよくコントロールするためなの。それに、手がすぐに疲れない。よし、じゃあ、握っている包丁を右側の人に渡してみて。柄を手渡すの。ゆっくりとね」

「これ、すごく重い」とサブラは言った。彼女は自前のあまり高価ではない包丁を握っていたのだが、日本のブランドのものに持ち替えたのだ。「これって、ええと、本物の包丁って感じ」

「買う前に包丁を試すことができるのがいいっていうのは、こういうことなんです。**使い心地のよい包丁は、もっと刻んでみようって気持ちにさせてくれるから。料理をしようという気持ちにも繋《つな》がりますよね。ここが大切なところなのです**」と私は言った。

包丁は犬と同じ!?

包丁立てがない場合に、どうやって包丁をしまえばいいのか質問したメンバーがいたので、私はシンプルな黒いプラスチックのシートを出して、刃にかぶせて留めた。

「これ、包丁カバーっていいます。こうやってかぶせます」と言いながら、刃にシートを付けてパチンと留めて見せた。「ね、この通り。こうやっておけば、引き出しの中がぐちゃぐちゃでも、包丁もカバーしておけるし、自分の手を刃から守ることもできるよね」

「**包丁はいつも手洗いしましょう。絶対に、絶対に、食洗機で包丁を洗ってはダメな**んです。鋼は熱に弱いんです。食洗機の高温な洗浄水は鋼にダメージを与えて刃を鈍らせて、柄にも悪い影響を及ぼすと思います。包丁は食洗機に入れてはダメ。絶対に。さあ、皆さんで言ってみましょう」

「食洗機、ダメ」みんなが声を揃《そろ》えて言った。「絶対！」

「もうひとつ覚えて欲しいことがあります。**包丁は犬と同じです。定期的なグルーミングが必要**です。1年に一度はきちんと研いであげましょう。調理用品店や刃物店にはこの様なサービスがありますし、メンテナンスに持ち込める場所を知っています。包丁1本につき数ドルはかかりますけれども、その価値は絶対にあります」と私は言った。

砥《と》石《いし》を持ち上げながらドリは言った。「でも、この道具は包丁を研ぐものなんじゃないのかしら？　家ではできないの？」

　リサが割って入った。「包丁は鋼なんです。これで刃を研ぐっていうのは、ある意味、切っ先の金属を削り取るようなことなんですよね。これは刃をまっすぐに整えるもの。**砥石はあくまで仕上げのものです**」これは犬をブラッシングすることと、プロにグルーミングしてもらうことの差に似ている。

女たちの手、包丁とひとつになる

いよいよ、私たちは本題に入った。分厚いまな板の下に濡《ぬ》れたタオルを敷き、まな板が動かないようにした。このトリックは私がフランス人シェフから教えてもらったものだ。そしてリサと私は、参加者全員が正しい万能包丁を持っていることを確かめた。

「**正しいカッティング技術は、千切りと角切りにあると言っていい**でしょう。これだけです」私はテーブルの上にあったズッキーニをつかんだ。私はそのズッキーニを、ちょうど半分の長さで2等分し、2等分したものを縦に4等分のスティック状にした。

「細いフライドポテトを〝ジュリエンヌフライ〟って呼ぶのを聞いて、何それ？って思ったことないですか？　〝ジュリエンヌ〟はフランス語でスティックって意味なんです。こうやって作るんですよ」次に私は縦4等分のスティック状にしたズッキーニ3本を角切りにしていった。「これが角切り。ダイスカットよ。千切りが細くなれば、角切りは小さくなるの」

私は縦に細く切った4本のスティック状のズッキーニを、再び角切りにしていった。

「わかる？　ギロチンみたいに、ズバズバッと切ってないわよね？　その代わり、**包丁の刃先をまな板に付けて、そして刃を下ろすようにして切ってます**よね。この動きはリズミカルに、トントントンとやってくださいね」

　次はセロリの茎の処理だ。「やり方はいつも同じ」私はセロリを縦に2分割した。そして角切りにしていった。「ケガをしないように、野菜に添えた指先は軽く握ること。指の関節から関節の間の平らな部分をガイドにして、刃を正しい方向に導きます。これがきっちりとした習慣になれば、ケガはぐっと減ってきますよ」


　うぐぐと唸《うな》りながら、リサが14キロのズッキーニが入ったバケツをテーブルの上にどんと置いた。メンバーは後ずさりして、不安そうにその様子を見守っていた。

「えーっと、なんだかズッキーニが多くない？」ジョディ（75ページ「キッチン初訪問②」参照）は言った。「私たちに何やらせるつもり？」

「練習よ」と私は答えた。「練習、練習、また練習。さ、やりましょう」

　参加者全員がズッキーニを1本選んだ。そして、最初の包丁を入れてみた。少しの間続いたおしゃべりも、いつしか静かな集中に変わっていった。トリッシュは包丁の握り方に苦労しているようだったので、私は彼女のところまで行ってみた。「大丈夫？」彼女は小さな声で「**8歳のときに、指をざっくり切ってしまったことがあって。だから刃物がとても怖**いんです。包丁を持つと不安になってしまうのはそれが理由だと思う」

　私は万能包丁を彼女に再び手渡すと、最初のカットをするとき、自分の手を添えて一緒に切ってみた。それは彼女にとって難しいことだと私にはわかった。「私もね、数年前に凍ったベーグルを切ろうとして、指をざっくりやっちゃったことがあるの。傷、わかる？」私は指を彼女に見せた。「あなたの気持ち、すごくよくわかる。でもね、ちゃんと包丁を握って、指を包丁の進む先に持っていかなければ、大丈夫だから」彼女は頷くと、ズッキーニを手に取った。私は彼女が慎重にそれを切って、ゆっくりと千切りにしていく様子を見た。初めてズッキーニの角切りを終えた彼女は、安《あん》堵《ど》したように見えた。

　2本目のズッキーニを切り終える頃には、トリッシュの手の動きは早くなっていた。しばらくすると、包丁のトントントンという音が、まるで健康的な心拍音のようにキッチンに響きはじめた。

切った角切りの野菜を集めにそばに行くと、シャノンは、「少し切ってみたら、すごく楽になった」と言った。「ナイフを自由に扱えるようになったと思う」

その言葉を皮切りに、キッチンのムードは本気に変わっていった。メンバーは、ぽつりぽつりと会話しつつも、その視線はまっすぐまな板に向けられていた。最後のズッキーニの半分を切ったところで、ジョディは周囲に声をかけ、自分が切った完璧《かんぺき》な角切りを見て欲しいと言った。**「ああ、信じられない。みんな、聞いて。私ね、いままで、リンゴさえ剝《む》いたことがなかったのに」**

30分以内に、ズッキーニの山はすべて角切りにされ、6口ガスコンロの上に載った巨大な寸胴鍋《ずんどうなべ》の中に入れられた。次に私たちは、メンバー一人ひとりに、ふたつの大きな黄玉ねぎを手渡した。

「昔ながらの方法で玉ねぎを切れば、簡単だし、早いし、涙も出にくいんですよ。まず、根っこを割るようにして縦半分に切ります。根っこの部分が切った玉ねぎの両方にちゃんと残るように切りましょうね」と私は言った。「正しく切ることができていたら、玉ねぎの心臓と呼ばれる部分が見えるはずです。ジョージア・オキーフの絵画みたいに見えない？　玉ねぎの皮は切ってからのほうが剝きやすいんですよ」私は紙のような皮を剝いて見せた。「玉ねぎのちょうど真ん中に、根っこに向かって、垂直に包丁を入れます。根っこまで切らないでくださいね。そしてその両側に、それぞれ2カ所、根っこに向かって切れ目を入れます」私は玉ねぎを持ち上げた。「切れ目を開いてみると、うちわのように見えないかしら？　そしたら、切れ目に垂直に包丁を入れます。いつも切るようにやってみてね」みじん切りになった玉ねぎがまな板の上にでき上がっていった。

「すっごい！」とサブラは言った。メンバーは驚いたような表情だった。静かに拍手する人もいた。

　包丁の扱いをすぐに習得したサブラは、玉ねぎにいち早く手を伸ばしていた。私は彼女の緑のネイルの塗られた指を丸く曲げるように、そばについて指導した。「ねえ、これ、最高！」サブラは勝ち誇ったように参加者たちに声をかけ、みじん切りになった玉ねぎを自慢げに見せた。「**私、もしかして包丁使いが上手かも！　想像もできなかった！　すっごくうれしい‼**」

　私はテーブルの隅で静かに玉ねぎを切っているドナを見守った。キッチン訪問したとき、彼女は、野菜を刻んでいる姿をからかう夫に見られないように、冷凍の野菜とプリカットされた野菜を購入していた。私はテーブルに向かい、彼女が切った玉ねぎを見た。「上手に切れてる。というか、完璧ね」彼女は自信に満ちた笑顔を見せた。「包丁の握り方も上手だし」

サブラからのメール

ほとんどのメンバーが上手に切ることができていた。テリ（243ページ「キッチン初訪問⑧」参照）は包丁の握り方に苦労したようで、包丁をぐっと握りしめてしまう以前のスタイルに戻っていた。包丁が苦手なようだ。

炒《いた》めたズッキーニの香ばしいにおいが、作業台に流れてきた。数カ月前、イタリア南部を訪れたリサは、ロバ農園でとても美味《おい》しいズッキーニのパスタに巡り合ったのだという。さっそく彼女はパスタが作られたキッチンへ行き、パレルモ大学で古代文明を教えているという調理人の女性にレシピを聞いた。リサはイタリア語ができないし、自分のイタリア語は〝ターザンのイタリア語〟と表現している。「わたし　レシピ　ほしい　あなた　レシピ　おしえろ？」

結局、**ズッキーニをオリーブオイルでじっくりと炒めること、パスタはアルデンテ、そして大量の塩こしょうを使うことが秘密**だとわかった。その日のレッスンでは、飴《あめ》色《いろ》になるまで炒めた玉ねぎをズッキーニに加えた。レッスンが終わると、全員にお土産の箱に入れたイタリア風味ズッキーニパスタを渡した。みんな、とても喜んでいたように見えたし、全員が楽しげにおしゃべりしながらキッチンを後にしたのだった。私たちはついに、不手際《ふてぎわ》もなく、1回目の料理クラスを終えることができた。私もリサもクラスが終わるまで6時間もの間、立ちっぱなしだったし、それから1時間の掃除も待っていた。「ケータリングでの使用に限る！」という紙が貼られた冷蔵庫を開け、ピノ・グリージョを引っ張り出した。私は「一杯やっちゃう？」とリサに聞いた。「ディナー以外では絶対に使うな！」というメッセージが貼られた棚に置かれたグラスを割るのが怖くて、水用のコップを出して乾杯した。「理解してもらえたと思う？」私はリサに聞いた。

リサは肩をすくめると「そのうちわかるよ」と言った。

さあ、片づけの時間だ。私たちは作業を分担した。私はモップとバケツを持ってきた。16歳のときに働いたレストランでは、床のモップがけばかりしていたっけ。私が思い出に浸りはじめたそのとき、サイドカウンターに何か置いてあるのに気づいた。サブラの包丁セットだった。私は彼女にメールした。「もういらないです」とサブラは返信してきた。

私はその意味を考えていた。**もしかして、彼女、クラスを辞めるつもり？**

翌日、サブラはもう1通メールを送ってきた。

「ねえ、聞いて！　新しい万能包丁を買いました。フルタング、鋼、45ドルにしては優秀。それじゃ、また月曜にね！」

キッチン初訪問②ジョディ　子どもを栄養不足にするセレブ女

女性の役割？

えくぼのある笑顔でケラケラと笑い転げる、美人の日系アメリカ人のジョディは、郊外の静かな集合住宅で暮らしていた。彼女の家には高価な布張り家具や大理石のカウンタートップを備えたキッチン、そしてステンレスの調理機器が揃っていた。

彼女は157センチ、60キロほどの体格だった。「少しぐらいは痩《や》せてもいいとは思うわよ」と彼女は認めた。「アメリカじゃあ、私の体型なんて普通でしょ。でも、この前日本の親戚《しんせき》に会いにいったの。そしたらみんな……」——彼女はここで日本語風のアクセントを使った——「スッゴク、フトッテル！　スゴイ、デブョ！」

「母は、父の奴《ど》隷《れい》として生きるためだけに暮らしてきた。これはアジア文化の一部ね。私は料理ができなかったから、その役割を無理やりあてがわれなくて済んだけど」ジョディはまったく相容《あいい》れることができない、母親からの言いつけの下で育った。その言いつけとはこんな感じだ。一生懸命勉強しろ、よい成績を取れ、よい仕事に就け、結婚しろ、ちょっと待って、あなた結婚したっていうのに、なぜ仕事をしてるの？　え？　孫は保育園!?　なんてひどい母親なの！　仕事なんて辞めなさい……。

2台の冷凍庫

ジョディは料理の才能のある、背が高くてハンサムなタイ系アメリカ人と結婚した。つき合いはじめてすぐの頃から、週末の料理はほとんど彼が作り、ウィークデーでも週に一度は彼が夕食を作ってくれた。その他は、外食するか、テイクアウトを注文するか、ふたりが納得する形をとっていた。でもそれも、彼女がハイテク企業を一時解雇されるまでのことだった。

　突然収入が半分となり、わがままな3歳児は何を出しても食べようとはしなかった。**仕事を失ったばかりの彼女は、夫に自分がしてあげられるのは、料理をすること、子どもにしっかり食べさせることだと感じた**そうだ。

　ふたりは長年、食品のストックを勧める倉庫型ディスカウントストアで食品を購入していた。結果として、ガレージには2台目の冷凍庫が置かれた。

「食べ物が場所を取っちゃって！」と彼女は嘆いた。冷凍庫の扉を開けると、中に入っていた食材が溢《あふ》れ出たほどだ。

より詳しく調べてみて、興味深いことがわかった。この大量買いという習慣は決して最近はじまったものではないということだ。ステーキ数枚は4年前に購入されたもので、鶏《とり》むね肉は消費期限が2年前に終わっていた。

ジョディも夫も**めったに冷凍庫の中身を使って料理はしないというのに、中に詰める食品は買い続けていた。**使い続けていたのは、たった2種類の食品だけ。それは白身魚のスティックと、パン粉付きチキンカツだった。両方とも息子がよく食べてくれ、ジョディでもトレイに載せてオーブンに入れるだけで簡単に作ることができたからだ。

日本の家庭のカレールー

ジョディはランチには、意欲的な一品を作っていた。炒めた鶏肉と刻んだ玉ねぎと赤ピーマンをスキレットに入れ、日本の食品メーカー製のカレールーと呼ばれる調味料を入れて混ぜるのだ。**「このカレールーって、日本の家庭には必ずあるんですよ」**と言いながら、鍋に入れる前に、そのツヤのある茶色いゼラチンの塊のようなルーを見せてくれた。彼女は水を鍋に入れてかき混ぜた。まるで魔法のように、とても濃い、茶色いソースができ上がった。

私はカレールーの箱を見た。たったカップ4分の1ほどの1人前の分量で、1日の塩分の推奨摂取量の41パーセントを食べてしまう。ルーの味付けのほとんどがグルタミン酸ナトリウム由来なのだ。パッケージには5人分との表示があったが、普段はジョディと夫で半分に分けて食べてしまうという。各自が2・5人前を食べているというのだ。言い換えれば、1日の塩分摂取量の120パーセントであり、1日の脂肪摂取量の60パーセントを摂取していることになる。それには、鶏肉や野菜を炒める油分は含まれていない。

「何も知らなかった、私。もう作っちゃだめだよね。コウジは鶏肉とソースをちょっと食べるけど、お米は全然食べない。野菜は絶対に食べない」と、彼女は言った。ほとんどの幼児がそうであるように、コウジは好き嫌いが激しかった。野菜が嫌いなのだ。チキンナゲットやピザ、白身魚フライやマカロニチーズ以外のものを食べさせようとすると、ややこしいことばかりが起きた。

多くの脂肪分、塩分、砂糖が含まれるにもかかわらず基本的栄養素に乏しい食物に

過剰な依存をするあまり、十分な食料はあるものの栄養不足になる子どもがアメリカで増えているという研究結果がある。

ジャンクフードの快楽

子どもを責めることはできないと、『過食にさようなら——止まらない食欲をコントロールする（*The End of Overeating: Taking Control of the Insatiable American Appetite*）』の著者であるデイヴィッド・A・ケスラー博士は言う。子どもが食べる食品リストにある食べ物〝チキンナゲット、粉で作るマカロニチーズ、白身魚フライ〟のほとんどは、脳内の快楽中枢《ちゅうすう》を刺激するように作られている。**実験用マウスは、コカインとヘロインの中毒になるように、ジャンクフードの中毒にもなるとした研究結果が出ている。**

私の知人は、好き嫌いが多く、肥満傾向にあった息子に医師の診断を受けさせた。わがままになり太りはじめたと気づいた、ちょうどその時期だ。医師は彼女の息子の状態を「飢餓状態」だと言ったそうだ。脱水状態で、砂糖の多く入った果汁や味付きの牛乳を飲みたがり、水を意図的に避けてきた息子の、ある意味予測できた結果だった。

私はジョディにこの話を聞かせた。

明るいジョディがカウンターの一点を見つめていた。「それってほとんどコウジが食べているものだわ」彼女は飲んでいたコーヒーに視線を落とした。「彼の面倒を見るのは私の役割よね。ああいう食べ物をあげちゃいけないってわかってるのに。**ヘルシーな夕食を作ってあげようって思うときもある。食品棚を見て、それから冷蔵庫を見て、野菜を出してきて、それから考える。どうやってこれを料理したらいいのって。**茹《ゆ》でるの？　ってね」彼女は突然、あきらめてしまったかのように見えた。彼女はカレールーがよい選択だと思っていたのだ。

「私、箱の裏の表示を見ようなんて、一度も考えもしなかった。カレーってルーなしで作ることができるの？」

第4章　味覚を信じて、自分を信じて

レッスンのハイライト☟なぜテイスティングが必要なのか。

味付けにはイラつく！

「なんかまずい。薬品みたいな味がする」

口の中で舌をぐるぐると回しながら、ジョディが言った。他のメンバーも頷きながら、そうよそうよと同意した。お題？　ヨウ素添加塩だ。

「信じられない。**塩の味がこんなに違うなんて、考えたこともなかった**」

私は2回目のレッスンで、野菜について掘り下げようと計画していた。この分野は、メンバーにとって最も不得意なものだ。それでも、味気ないレシピの話と、彼女たちから聞いた味への認識不足を、そのままにすることはできなかった。シンプルな〝味付け〟という言葉は、税務監査のごとく手荒に迎えられた。

「**〝味付け〟だってさ。レシピに書いてあるとイライラするよね**」私たちがキッチンを訪れたとき、シャノンはそう言っていた。「どういう意味なの？　誰の〝味〟なの？　私？　どうやったら正しい味がわかるっていうの？」

「なんだか落ち込む……」同じようにレシピに使われるおきまりのフレーズ、〝テイスティングしてみる〟について、トリッシュは言った。**「なんのためのテイスティングなわけ？　作ってるものの味なんてわからない。私の味覚がおかしかったらどうするの？」**

　ル・コルドン・ブルーで最も重要な授業、そして**どんなジャンルの料理人にとっても重要であるのは、テイスティングのコンセプトだ。テイスティング。本気で大事。**シェフは私たち生徒に、調味料を加える前に、すべて、必ず味見をしろと忠告し続けた。そして盛りつける前にもう一度味見をしろと言った。「調味料の味もわからずに、自分の作った料理の味がどうなるかなんてわかるはずがないだろ？」とシェフであれば言うだろう。**調理をすべて終えたあとで味を直すのは、時すでに遅しというケースがほとんど**なのだ。

「レシピに忠実過ぎる人は、それをガイドラインではなくゴスペルのように考える。自分よりも、自分以外の誰かさんを信頼するというミスを犯すのだ」『フレーバー・

バイブル（*The Flavor Bible*）』（未邦訳）の著者、アンドリュー・ドネンバーグとカレン・ページは書いている。「何がなんでもレシピ通りに作るのをやめれば、料理上手が増えるだろう」とも書いている。

キーとなるのは、まずはよい材料を使うこと、他の味との相性のよさを知ること、そこからがスタートだ。食べ合わせのよい味というものがある。たとえばバジルとトマト、それからイチジクとブルーチーズ。チョコレートとピーナッツバターでもいいだろう。ここで重要なのは、メンバーに**高いお金を払ってでも、味と品質のよい材料を買うことに価値がある**と理解してもらうことだ。食品に関して言えば、コストがありとあらゆる味への考察を吹き飛ばしていることがわかる。サブラ曰《いわ》く、どの冷凍食品も味が同じだから、いちばん安いものを買う、となるのだ。

〝コスト〟対〝味〟という対決は、私たちのレッスン参加メンバーだけの問題ではなく、その世代にも影響を及ぼしているのかもしれない。美食作家のM・F・K・フィッシャーは1937年のエッセイ『味覚の乏しさ（*Pity the Blind in Palate*）』（未邦訳）の中で、**多くのアメリカ人が頑固な規則性にとらわれて大量に食べることばかりに集中し、何を食べているのか立ち止まって考えることがなくなった**と嘆いている。「私たちは、よくわからない食への欲求に基づいて、腹を満たすためだけにどかっと食べている」と彼女は書いた。「私たちは味を理解していないのだ。私たちは、国全体が、味に鈍感なのだ」それでもフィッシャーは、多くの味を試食し、感覚を研ぎ澄ませ、香りの違いを感じることができれば、味覚を目覚めさせることはできるとも書いている。

しかし、これをどうやって伝えたらいいのだろう？　悩み事があるといつもするように、私はスーパーに向かった。

9種類のトマト缶

夜の10時半になろうとしていた。スーパーは比較的静かで、数人の買い物客がいた。缶詰め売り場の通路には、床に塗られたワックスのにおいが漂っていた。私は中央の通路をウロウロとした。ここはあの鶏肉の女性に会った場所だ。彼女と再会できないかと願っていたのだ。

「ねえママ、どの缶入りトマトにするの？」私ははっと振り向いた。あの女の子であることを期待して。でもそこにいたのは、歯にブレスをはめた、ピンクのフリースとピンクのスパッツとピンクのスニーカーを履いた少女だった。

母親はスマホをにらみつけながら、顔も上げずにこう言った。**「いちばん安いので。」**

なんでもいいよ。全部一緒だし」

少女はカートにスーパーの自社ブランドのトマト缶をふたつ放り込むと、母親と一緒に去っていった。私はそこに立ち尽くして、19ブランドのトマト缶をじっくりと見た。ホールトマト、角切りトマト、皮むきタイプ、煮込みタイプ、オーガニック、輸入もの、そしてバジル入り。

本当に、全部一緒なの？　私はフィッシャーの問題提起を思い出していた。そして私たちに〝味の記憶〟を育てるために、何から何までテイスティングさせたシェフのことを思い出していた。私は『テイスティング・クラブ（Tasting Club）』（未邦訳）という、ディーナ・チェイニーによって書かれた本のことも思い出していた。その本は、オリーブオイル、チーズ、コーヒー、紅茶や、人が集まる席でメインとなる食べ物の試食を提案していた。それじゃあ、トマト缶の味の比較をしてみるっていうのはどうよ？　私は9種類の角切りトマト缶を選び、両腕に抱えて会計を済ませた。「誰かさんは相当なトマト好きだな」と、会計の男性が缶をスキャナで読み取りながら、うっとうしい感じで言った。

「味覚は個人的なものです。私たち、それぞれがまったく違うものを持っていますから」と、著者チェイニーは後に私に言った。**「人はそれぞれ感覚の門のようなものを持っていて、異なる味覚の記憶を持っています。結局、自分が好きなものが何かを探すこと、そして自分たちの作るものを信じることです。それが大事なんです」**

全米150種の比較試食会のベテランであるチェイニーは、ひとつのカテゴリーの食品や飲み物の、バラエティーの多さに多くの人が驚くのだと教えてくれた。彼女によると、**消費者はひとつのブランドに固執するか、最も安いものを買う選択はするけれど、複数のブランドを味見しようと考える人、あるいは、次々と試してみる人は稀《まれ》なのだ**そうだ。

翌週のために、私は味と風味に関する課題すべてについて、調べを進めた。味覚は肉体的なものだ。**私たちの舌は5つの味しか感じることができず、それは、甘さ、酸味、苦み、塩辛さ、うまみ**である。うまみとは、大豆や肉、マッシュルームなどから得られる素朴な味だ。風味は私たちの脳内で発生するもので、感覚によって気づかされるものだ。すべての人が同じ味を感じるわけではない。味覚のプロの中には、他の人に比べて特定の味、特に塩辛さと苦みを強く感じる人がいる。スペクトラムの反対側にある味覚の鈍い人は、一つひとつの味を感じることが難しい。残りの人たちは、この間に属することになる。科学者の多くは遺伝が関係していると信じている。だから、私たちの味の違いを感じる能力は、天性のものだ。好みは生まれつきではあるが、どの風味が好きか嫌いかは、経験から学ぶものである。ワインの世界ではよく知られたことで、ワインの繊細な味の違いを感じ取るために「味覚は鍛えることができる」と考えられているのだ。これは、カヴェルネ・フラン種のワインを飲んだとき、「クロフサスグリ」や「朽ちた木」、あるいは「ジム用靴下」のにおいがすると表現する自信に繋がっていく。

チェイニーの書籍に刺激を受け、山のようなトマト缶を抱えた私は、馴染みのある調味料のブラインド・テイスティングを行うことにした。オリーブオイル、塩、パルメザンチーズ、トマト、そしてチキンスープである。私とリサは自分たちの食品庫をあさり、そしてスーパーを何軒かハシゴした。ふたりでスーパーの通路をくまなく練り歩いて、様々な缶や瓶をカートに放り込んでいった。

そして料理教室のキッチンに向かい、ローリー・カーターに会った。彼女は地元のシェフで、私たちのプロジェクトを聞きつけ、野菜の授業を担当すると申し出てくれたのだ。ローリーは活動的で小柄なブルネットの女性で、えくぼがあって、まるでチアリーダーのような「やったるわよ」精神の持ち主だ。**私は彼女にクラスをぶっ壊して欲しかった。もちろん、いい意味で。**

クラスをぶっ壊せ！

シアトルのとある夏の1日、参加メンバーが教室に入ってきた。全員、あたりを見回して、困惑している。カウンタートップには小さな皿がところ狭しと並べられていた。リサと私は一枚いちまいに、番号または文字を書いたラベルを貼《は》った。メンバーがエプロンを身に着けて、サイドタオルとしての紙オムツを握りしめた。私たちは全員に小さな黄色いメモ用紙を手渡した。

「野菜の基本をいくつか教えてから、この皿については説明するね」と、私は言った。私はメンバーにローリーを紹介し、彼女は作業台の真ん前に立った。まずはじゃがいもの説明からはじまった。ラセットポテト（メークイン）、赤ポテト、ホワイトアイダホ、ユーコンゴールド、そして紫芋。メンバーは生の状態で、そのじゃがいもをじっくりと見ていった。「紫のお芋、すごくかわいい！」と、ジェン（221ページ「キッチン初訪問⑦」参照）は言った。

じゃがいもを料理するため、ローリーは一般的に広く誤解されている用語を説明していった。それは、「ソテー」である。フランス語で〝跳ぶ〟を意味するソテーは、少量の油と高い温度でさっと調理するというシンプルな意味を持つ。「ということで、プロのシェフが料理する方法に〝ジャンプ〟は由来しているの」全員が6口ガスコンロにワラワラと集まった。彼女の小さな手に握られたスキレットは、冗談みたいに大きく見えた。「いい？ まずは油をフライパンに入れて、温める」と彼女は説明した。

「ソテーするときは、食材がフライパンに加えられた瞬間に、ジュジュッ！ と音がしなくちゃいけない」ローリーは片手いっぱいのスライスしたじゃがいもをスキレットに入れた。それはジューッと音を立てた。じゃがいもが音を立てるやいなや、ローリーはスキレットを振りはじめた。「すぐに振ります。食材が動くようにじゅうぶん振れば、調理中にくっつくことがないから」ローリーはガス台のそばに置いてあった小さなチーズ皿の中のコーシャーソルトを何つまみかスキレットに加えた。

「塩をお皿から取って入れたことに、気づいた人いる？」と彼女は言い、皿を持ち上げてメンバーに見せた。「料理人は塩をお皿に入れておく。なぜだかわかる？」女性陣は一斉に首を振った。**「塩をボトルに入れて振ると、見えないでしょ？ どれぐらい入れたのかわからなくなってしまう。でも、小さな皿に入れておけば、まさに〝ひとつまみ〟がわかる」**全員が「あ〜！」と声を出した。

ローリーはフライパンの柄をくいっと引っ張ると、じゃがいもを空中でひっくり返してフライパンに戻した。

「〝跳ぶ〟ってこういうことかぁ」とジョディは言った。

ローリーは参加者一人ひとりに、最低でも1回は、フライパンを振ってもらった。

「野菜は茶色い焼き色が付くまで焼く。これは〝カラメル状〟って言われている状態で、野菜に自然の甘みが引き出された状態のことをいいます。この状態になってはじめて野菜が美味しくなるんです」

じゃがいもを飛ばしてるから！

前週学んだ包丁の使い方を試すため、私とリサで5キロのじゃがいもをカウンターに載せた。メンバー全員がサブラの周りに集まって、彼女が調理器具専門店で買い求めた包丁を眺めていた。

「それって賢いアイデア。調理器具の専門店で買うなんて考えなかったもん」とジョディは言った。「門前払いされるんじゃないかとばかり思ってた」

メンバーは課題に没頭し、じゃがいもの皮を剝き、刻みはじめた。テリ以外、全員が正しく包丁を握ることができていた。「ねえ、包丁の握り方、見せようか？」と私は彼女に聞いた。

「いいわ。この握り方のほうがいいから。でも、聞いてくれてありがとね」と彼女は言い、包丁の柄の端をぐっと握りしめていた。あーあ、と、私は思った。教えた経験が少ないのがダメなのか。無理にでも私の方法で握らせるべきなの？　結局、私はそのまま見守ることにした。

　間もなく、リズミカルな包丁の音と軽いジョークの掛けあいが部屋を包み込んだ。ローリーはポロねぎの切り方をメンバーに見せてくれた。緑の硬い部分と、太くて短い根の部分を切り落とした。薄い緑と白の部分をスティック状に切って、それをみじん切りにしていった。「ポロねぎは、皮と皮の間に泥が残っていることがあります。だから、刻んだら、水の入った大きなボウルに入れて、一度洗いましょう」と、彼女はアドバイスした。

　じゃがいもとポロねぎは、ポタージュ・パルマンティエになる予定だった。「基本的なところは、いつも同じ」とローリーは言った。「バターとオリーブオイルで、水洗いしたポロねぎをソテーします。ポロねぎがやわらかくなったらじゃがいもとチキンスープを加えます。それが全部やわらかくなったら、ピュレ状にして、クリームを加えます」

「え、それだけ?」とシャノンは言った。

私たちは、スープ以外の料理での、野菜の基本的調理方法も学んだ。メンバーはカリフラワーと芽キャベツを刻んで大きなフライパンに入れ、オリーブオイルを注いで調理しはじめた。私とリサで作業台に簡易コンロを4台設置して、参加者をふたりひと組に分け、一緒に刻んだじゃがいもとフダンソウをソテーしてもらった。テーブルの周辺に野菜が炒められるにおいが広がると、部屋の中がいきいきとしてきた。フライパンがカチャカチャと鳴り、油がジュージューと音を立て、皆は笑い、叫び声を上げた。

ジェンとサブラがいた場所には、フライパンを振ったときに飛び出したじゃがいもが転がっていた。「気をつけて! じゃがいもを飛ばしてるから!」

心配しはじめたのはトリッシュだった。ローリーが彼女のじゃがいものソテーをチェックするたびに「ねえ、私、何か間違っていない?」と何度も聞いた。「私、高温で料理なんてしたことないものだから」

「私には完璧に見えるけど」とローリーは答えた。トリッシュはうれしそうに見えた。

フランス風の野菜調理

ローリーがジュリア・チャイルドの提唱した「フランス風に野菜を調理する」方法を説明しはじめた。それはアスパラガスやブロッコリやサヤインゲンなどを、色と食感を残しながら調理するという方法だ。私たちは水を入れた鍋を簡易コンロに置いて火をつけた。その横に、氷水を入れたボウルを置いた。

「沸騰《ふっとう》したお湯の中に、野菜を入れます。やわらかくなるまで、だけど、少し芯《しん》を残して欲しいんです」とローリーは言った。そして両手いっぱいのサヤインゲンを鍋に入れた。数分後、彼女はそれを沸騰したお湯からすくい出した。「次に、これを氷水につけます。温度の低めの水道水でもいいです。**こうやって冷たい水につけることで調理され過ぎることを防ぐし、葉緑素が失われることがない**んです。茹で続ければ葉緑素が失われるだけでなく……」

「うちのママがよく出してくれた、あのブヨブヨした灰色の野菜になっちゃうってことね」とトリッシュが言った。

「その通り」とローリーが答えた。彼女はインゲンをテーブルの周りにいたメンバーに食べさせた。「パリッとして美味しい。とっても瑞々《みずみず》しい」とトリッシュが言った。

「なんて新鮮な味なんだろう。ママがこういう野菜を出してくれていたら、野菜が好きになっていたかもしれない」

　とりあえず野菜の調理はここで終わり、調理からテイスティングにレッスンは進んでいった。

不正解な味覚？

「さて、部屋中に並べられたもの、見てくれたよね？　いまから全部味見してみるわよ。正解、不正解なんてありません。とにもかくにも、一つひとつをテイスティングしてください。そして、あなたの印象を書いてみて。すべてのオリーブオイルを比較してみますよ。それが終わったら、チキンスープ、そして次に進んでいってくださいね」

　最初はみんな、おっかなびっくりだった。ちょっとここで味見して、メモして……。でも、誰も言葉を発しようとはしなかった。しばらくすると「正しいかどうかわからない」とか「何の味を感じたらいいのかわからない」とか「塩の味って以上に何もない」なんて声が聞こえだした。

　15分ほど経過すると、度胸が据わったようだ。互いにメモを見せ合いはじめた。部屋はガヤガヤと騒がしくなり、おしゃべりがはじまった。「オリーブオイルの6番、どうだった？　嫌い？　アタシもダメ」「あのチキンスープ、まずくなかった？」「うん、アタシもそう思った」

メンバー全員で9種のオリーブオイル、8種のチキンスープ、そして12種のトマト缶をテイスティングして、メモを比較し合った。塩が最も難問で、いまにして思えば9種もそろえたのは多過ぎた。食卓塩、コーシャーソルト、海塩、フルール・ド・セル、ブラックソルト、代替塩、それからピュージェット湾の水から手作りした塩など。塩のテイスティングには、たくさんの水とうがいが必要だった。

とある時点から、シャノンが座り込んでしまった。「もうたくさん。これ以上はもう無理」

私とリサで、ワインをテイスティングする際の味わいを示した〝アロマ・ウィール〟をメンバーに手渡した。それは様々な色で描かれた円で示したカラーチャートだ。いくつか味見をすると、メンバーがそれを見はじめた。これが流れを変えた。「あのスープ、ちょっと発酵したような味がしなかった？」「あのトマト、私にはちょっと渋みが強過ぎた」「あの塩の味、鉄のような感じだよね」

私とリサで、テイスティングした食品の内容をメンバーに伝え、メモを比較した。

まずは塩だ。ピュージェット湾の水から手作りしたという高価な塩は、最も高評価を得ていた。2番目に評価が高かったのは、セル・グリと呼ばれる灰色の塩で、私の友人がフランスから持ち帰ってくれたものだった。高価ではないコーシャーソルトには「塩といえばこの味」という意見がアンドラから出た。最終的にメンバー全員が気に入らなかったものは2種だった。まずはE社の食卓塩である。

だれもが変な味だという感想を持った。「なんだか変な味だよね」とジョディは言った。「ピリピリとして薬品っぽい」とサブラは言った。

嫌われ者のE社の食卓塩は、典型的なヨウ素添加塩だった。

「ああ、あれは最低」とシャノンは言い、首を振った。「もう二度と買わない。あの塩の味がこれだけ他と違うなんて考えてもみなかった」

評価の低かったもう1種の塩はD社のもので、全員が辛くて苦いと評価した。リサは味見してから舌の一部が化学ヤケドのような状態になったそうだ。「車のバッテリーみたい」と誰かが書いていた。

「塩の味が一切しないことが気持ちが悪い」と、ルームメイトのいる若いジェンは言った。それまで発言のなかった彼女が「ニセ物の塩って感じ」と言ったのだ。犯人は、代替塩だ。

「自分の目で見なかったら、絶対に信じなかったと思うけれど、この表示を読んでみるね」とリサは言った。**「この商品を使用する際は、あらかじめ医師に相談してください」**

　オリーブオイルで最も高評価を得たのは、繊細な味わいのイタリア産のエクストラバージン・オリーブオイルだ。「フルーティーで、ほのかな香り」とシェリルはメモを読みながら言った。

「とても繊細な味わい。油の存在を感じさせない」とトリッシュは言った。

「白ぶどうのよう」とジェンは言った。「ハチミツのような味わいもあるわね」ローリーと私は顔を見合わせた。私たちは再び味見をした。私たちが選んだものも、同じだったのだ。

　オリーブオイルは、オリーブの実をしぼってその自然な油を抽出する。**オリーブがオリーブオイルとして製造される過程で最初に抽出されるのが〝エクストラバージン〟として知られているもの**で、生産されるオリーブオイルの全体量の10パーセントほどだと言われている。オリーブはしぼればしぼるほど味わいが消えていくとされ、〝エクストラ〝ピュア〟、そして通常のオリーブオイルとなっていく。

「**火を通さない食品にエクストラバージンを使いましょう。**たとえば、サラダのドレッシングですね」と、ローリーは言った。「**品質の高いオイルは、少しずつ買いましょう。油は長持ちするって思っている人が多いのだけれど、6カ月以上保存すべきではありません。**冷暗所に置いてくださいね。コンロの下とか上は絶対にダメ。熱が質を下げちゃうから」

「普段の料理には、もう少し安いオリーブオイルか植物油を使うといいと思う。たくさん使うようになったら、大きなボトルのものを買えばいいしね」

高い？　いいえ、トータルで考えて

パルメザンチーズの比較には、味見の前に多少の勉強が必要だった。「本当に美味しいものは、〝パルミジャーノ・レッジャーノ〟」とリサは説明した。リサは母のチーズ専門店で、この演説を何百回も経験済みである。「なんて言ったらいいかなあ、これってシャンパンと一緒なんだよね。**〝パルミジャーノ・レッジャーノ〟と呼んでいいのは、イタリアの特定の地方で作られたもののみ。**その名前を得るために、チーズの製造者は、厳格なガイドラインに従わなくちゃならない。だから、これ以外のものの

が全部パルメザンになっているってわけ」

その違いは名前だけではない。商業ベースで製造されているパルメザンは熟成期間が短く、製造方法により、イタリア産のものよりナトリウムの含量を70パーセント増しにすることができる。スーパーマーケットで売られているパルメザンのほとんどが、機械的な製法により水分をカットされている。保存可能期間を長くするためだ。

　パルメザンのテイスティングで高評価を得たのは、リサの母のチーズショップから持ってきた、深い芳香を放つパルミジャーノ・レッジャーノだった。薄くスライスされたパルミジャーノ・レッジャーノは、ぼんやりとした色をしたアメリカのブランドのチーズと、家庭ではお馴《な》染《じ》みの3種の粉チーズの横に置かれていた。結果は期待通りだった。

「これは石けんの味がする」と、例のガーリックブレッドを作ったときに使った物と、全く同じ粉チーズを味見したサブラは言った。「でも、このチーズ。こいつ、めちゃくちゃうまいじゃん」と、彼女は言いつつ、イタリア産のチーズをつまみ上げた。

「パルミジャーノ・レッジャーノなんてものはね、買ったらすごく高いわけよ」とリサは言った。「でもさ、後を引くうまみがたくさん詰まってる。使い方に慣れてくれば、一度に使う量もわかってくる。だから、トータルで考えたら安くつくってこと」

私たちは最後に数種のチキンスープをテイスティングした。

「いままで、チキンスープはただのチキンスープだって思ってた」とはシャノンの言葉で、同じコメントをメンバーのうち数人がつぶやいていた。「こんなに違いがあるなんて。本当に驚き」ドリはなかの１種を味見して「塩辛い」と言い、他のものは「チキンになりきれてない」と言った。

　奇妙な味のするチキンスープがあった。「これって、オレンジジュースか、極端にオレンジっぽいのに似てないかな」とジェンは言った。「なんだかこれって濃縮チキンから作ったような味がする。不自然なほど塩辛いなあ」このチキンスープは固形ブイヨンから作られたものだった。

　私が丁寧に作ったチキンスープを気に入ってくれた人がひとりだけいた。「とても美味しくて、鶏肉の風味がある。しっかりとした味わいがあるけど、すこし薄いかな」とトリッシュは言った。

　いつも通り、私はチキンスープに塩を加えていなかったのだ。メンバーは塩の入っていない手作りのチキンスープを、塩が多く添加された固形ブイヨンで作られたスープと比べていた。なかには、１カップで、成人が１日に摂取する塩分の３分の１の量の塩を添加したものもある。スワンソンとパシフィックのチキンスープは人気だった。私が作ったチキンスープに塩を加えたものも、人気があった。

「すべてを味見してみてわかったけれど、これからは塩分が少ないものを選んで買うことにする」とトリッシュは言った。彼女はいままで塩分を避けてきただけに、塩分に対しては神経質だった。「それから、ほんっとに驚きだよ！　今夜ここで味見するまで、こんなに塩辛いことに気づかなかったなんて」

メンバー全員が頷《うなず》いた。「これだけは覚えておいて。**塩はいつでも加えられる。でも、一度入れてしまった塩は消すことができないから**」と私は言った。「料理をする前に味見の必要があるのは、これが理由でもあるんです。ドレッシングを作る前には、使う予定のオリーブオイルの味見をする。パスタに加えるチーズは、加える前にちょっぴり味見をする。チキンスープも加える前に味見をする」

ボウルに入った、でたらめな汁

それに加えて、ローリーとリサはその晩最後のテスト材料を発表した。テーブルの真ん中には、５つのボウルに入ったポロねぎとじゃがいものスープが置かれていた。

作ったばかりのポタージュ・パルマンティエは、Aは塩なし、Bはすこし塩が多め、そしてCはローリーの好みの塩加減で。残りのふたつのボウルにもポロねぎとじゃがいものスープが注がれていたが、Dは缶のスープ、Eは〝グルメ〟バージョンの粉末スープだった。

「いちばん美《お》味《い》しいと思うものを選んでくれる？」ローリーはメンバーに挑んだ。全員がほどよく味付けしたものを選んだ。「スープBは何が問題だった？」とローリーは聞いた。全員が、塩が強過ぎると答えた。「それじゃあ、スープAは何が悪かった？」と尋ねると、全員が、塩気が足りないと答えた。**「レシピに〝塩を加える〟とあったら、その意味の通りです。スープAのように塩が足りなかったら、塩を加える。あなたにとって、ちょうどいい味加減にしてあげるってわけ」**

全員が残りのふたつのボウルを前に考えこんだ。ジョディは「うーん、両方ともヨウ素添加塩の味がするんだよね……」と言った。「わかる。私もそう感じた」とシャノンは答えた。

スープ缶はとても愉快な描写をメンバーから引き出した。「口の中の奇妙なフィーリング」、「舌の裏側が脂っこい」、「後味がヘン」、「ポロねぎ的でないし、じゃがいも的でない」、「オエッ」粉末スープのほうが好まれたが、それでも散々だった。「塩辛過ぎる」、「化学薬品の味」、「変なスパイス」そして私のお気に入り、「ボウルに入った、でたらめな汁」。

ジョディはエプロンを外しながら、シャノンに対して、自宅に缶入りスープがたくさんあると静かに告白していた。「**こんなに簡単に作ることができるとわかっていたら、あんなの買わないよ。そうでしょ？**」

キッチン初訪問③シャノン　裏庭で鶏を飼う意識の高い女

グルメ雑誌は好きなのに

リサと私は1960年代スタイルのクラシックなランチ・ハウス（農場スタイルの大きな家）の前に車を停めた。家は白いフェンスで囲われており、労働者階級の住む静かな住宅街にあった。玄関前の勢いを失った芝生の上には、修理が必要なおもちゃが散乱していた。

シャノンは32歳の専業主婦で、ふたりの子どもがいる。最近裏庭で飼うために2羽の鶏を購入し、野菜の栽培もはじめていた。**食に関する雑誌を読むのが好きで、レシピはインターネットのレシピサイトをしらみつぶしに当たる。**しかし、そのどれを見ても、彼女の言う「キッチンの自信」には繋《つな》がらなかった。

彼女の母親が玄関の扉を開けた。ぶっきらぼうに「何をあの子に教えるつもりなんだろうね」と私とリサに言うと、私たちが家に入るやいなや背を向けた。「あの子、なんでも真っ黒焦《こ》げにする天才」そう言う母の後方に、シャノンは立っていた。ショートカットでスタイルがよい、ブルネットの美人で、親しみのある笑顔をたたえていた。彼女は私たちをキッチンへと案内してくれた。

「私の料理はすごく退屈だと思う」と彼女は話しはじめた。「オーブン料理は得意だけど、調理はずっとイマイチだった。レシピは理解できるしレシピ通りに作ることもできるけど、何を作っても味がない」と、残念そうな表情をした。

このプロジェクトで私が出会った他の人たちとは違い、シャノンは買い物に行く前に献立を考えるタイプの人だった。**「１週間の献立を考えるのが下手ですね。アイデアが浮かばなくて。結局最後の２日はブリトーとスパゲッティで逃げちゃったりする」**彼女がここで言ったスパゲッティとは、瓶に入ったパスタソースのこと。**「肉料理が下手なんです。鶏の生焼けがすごく怖いから、いつもほとんど真っ黒焦げ」**

母の呪《のろ》い

彼女は月に約７００ドルを食費と外食費として使っていた。５人家族なので、外食はめったにしないという。

私は彼女に母親の発言について聞いてみた。「ああ、母ね」彼女は、顔を一瞬しかめた。頬は赤くなっていた。「母は缶入りのコーンスープで食事をはじめるような人ですね。料理はしていたけれど、私がキッチンに入ることはイヤだったみたいです。だから、母からは料理を習うことはできなかった。**もう少し大きくなったら子どもたちに料理を教えてあげたいけど、自分が何をやっているかわからないっていうのに、何を教えてあげられるんでしょうね？**　私、料理にすごく興味があるんです。でも、イライラすることもあります。レシピを見て、その味を思い描くことができないから。**そのレシピの中で何が大事で、何を除外していいのか理解できないんです。**キッチンの戸棚の中身と冷蔵庫の中身を見て、ささっと何か作ることができるような人になりたい。どこかへ食べにいって、そのメニューを自宅で再現できる人でもいい。自分にはその技術がないって思ってしまうって言えばわかりますか？」

第5章　喜怒哀楽の鶏肉《とりにく》劇場

レッスンのハイライト☞鶏を丸ごと使う方法を習得する価値

ググられワードのトップは？

「世の中の誰もが学ばなければならないスキルがあるとしたら、それは鶏を丸ごとさばく方法だ」と、35冊もの料理本の著作を持つ、リック・ロジャーズは言っている。「ローストチキンは代表的料理だ。誰もが好きだし、それを作ることができるというのは素晴らしい技術だけれど、日常生活に馴染む料理を作ろうと考えれば、ありとあらゆる鶏の部位を使って料理する方法は、もっと知られていいはずだ」

鶏肉の取り扱いを学ぶことには、大きな価値がある。一般的に、普通のスーパーであっても、高級なオーガニック食品を扱う店であっても、**丸鶏の値段は、骨なし、皮なしの鶏むね肉の値段と同じなのだ。有効に使うことができれば、丸鶏は2食から3食分の夕食になる。**

むね肉は骨付きのままで焼くことができるし、骨なしのむね肉はさっとソテーすることができる。もも肉は炒《いた》め物に、手羽元はから揚げに、手羽先は冷凍しておけば、ちょっとしたスナックになる。鶏を丸ごとローストするなら、焼き上がった肉は様々な料理に活用できる。サラダ、パスタ、ブリトー、キャセロール、サンドイッチ、それから、それから……、チキンと名の付くレシピであれば、なんでも作ることができるほどだ。ロジャーズは、鶏肉を８つのパーツに分けて購入するのではなく、骨、背中、内臓も手に入れるべきだと書いている。よく買われているブランドのストック（出汁）が１クオート〔１クオートは約０・９リットル〕で２ドル50セントだとして、骨や内臓は約２クオートほどのストックになるので、ひとつの丸鶏で５ドル分のストックになる計算だ。

料理の世界では、鶏肉の重要性に勝るものはないと言われている。レシピサイトでは最も検索されている単語だ。**グーグルで「鶏肉のレシピ」のトラフィックは、牛肉、魚、あるいは野菜のレシピを大きく上回る。**平均的アメリカ人は、年間約27キロの鶏肉を消費し、牛肉を抜いて最も好まれる肉となった。アメリカの鶏肉生産者は１日に３８００万羽の鶏を加工し、それはカリフォルニア州に住む、すべての男性、女性、子どもが食べることができる量だ。これは、１年では１９５０万トンであると米国食肉協会は言い、それは豪華客船８６０隻《せき》分の肉である。

メンバーが到着し、エプロンを身に着け、紙オムツをつかみ、作業台に向かう前に箱の中からお気に入りの万能包丁を選んだ。お互いを知って親しくなり、楽しげに話をしていた。私は彼女たちの話し声をそれとなく聞いていた。

「ヨウ素入りの塩を捨てたよ。２本持ってたからさ……」

「うん、私も……」

「食器棚の中をあさってみたんだけど、油が全部腐ってた……」

「ケールを炒めたんだけど、彼が喜んでた。『一体どこでケールなんて習ったんだよ？』ってさ」

その日のヘルプは友人のマギー。30代の都会育ちのシチリア系アメリカ人で、シカゴ生まれ。真っ黒な髪、両腕にはトンボのタトゥーが入っている。キッチンの元ベテランで、いまは料理関係のコンサルタントとして活躍しているマギーは、より複雑で難解な授業を手伝ってくれることになっていた。

当然のことほど要注意

初めてのテイスティングで成功をおさめて有頂天になった私は、各クラスをテイスティングではじめることに決めていた。この日、私たちは小さな皿に5種類のディジョンマスタードを盛りつけた。さあ、テイスティングの開始だ。各自、優雅な動作でエスプレッソスプーンを使ってアペタイザープレートにほんの少量のマスタードを取り分けた。小さな黄色い紙にメモを書き込みつつ、メンバーはまるでこの道のプロのような顔つきをしていた。シャノンがメンバー全員の意見をうまくまとめてくれた。

「テイスティングすればするほど、いままで私が当然だと思っていた物事について、もっとしっかり考えたいという気持ちになるわ」

午後7時を過ぎていたというのに、6月の蒸し暑さで部屋の温度は高く、その暑さを業務用オーブンがより過酷にしていた。ドアの外では車が騒がしく行き交っていたが、空気を入れるためにドアは開け放たれていた。鶏肉をバラバラにする前に、私はメンバーを、色とりどりのカッティングボードが置かれた作業台の周りに集めた。マギーは私たちが鶏肉の話をする間に、氷で冷えた水をみんなに渡していった。

「さて、みんなに質問があります。この中で何人が丸鶏を解体したことがある?」

全員が首を横に振った。

私は4羽の鶏を並べた。1960年代のジュリア・チャイルドの有名なテレビ番組、『ザ・フレンチ・シェフ』のエピソードを真似《まね》たのだ。とあるシーンで彼女は、ブロイラー（若鶏小型）、フライヤー（中型）、ロースター（丸焼き用・大型）、雄鶏、雌鶏の違いを説明した。私は、それぞれの年齢からではなく、様々な方法で育った鶏を並べた。すべてブロイラーで、1・5～2キロの重さ。そのうちふたつはスーパーで買い求めた鶏で、商業用に育てられたもの、そして放し飼いの鶏で、500グラムにつき1ドル程度値段が高いものだった。3つめはオーガニック認定された放し飼いの鶏で、精肉店で買い求めた。最後のひとつは牧草地で育てられた鶏で地元の農家から直接買い求めた。

スーパーマーケットの鶏肉は水分が多く、むね肉は明らかに他の鶏肉に比べて重かった。精肉店で買い求めたオーガニックの鶏と牧草地で育てられた鶏はあらかじめ袋詰めされていなかったからか、乾いていた。4種類の丸鶏を作業台に座らせたとき、スーパーで買った鶏は、過剰なまでに成長させたむね肉に引っ張られるようにして前のめりに倒れた。私は各丸鶏からむね肉を切り落としていった。私はいちばん大きくていちばん安いスーパーで買い求めた鶏のむね肉を持ち上げた。

「これ、どれぐらいの重さがあると思う？」と私は聞いた。メンバーはそれぞれ、推測してみた。200グラムから250グラムといったところだった。

「これで何人前ぐらいの料理が作れると思う？」全員が1人前だと言った。

シェリルがベビーカーに乗っているリアムに話しかけた。「うちじゃあ1人前にもならないよね。パパなんて2枚ぐらい食べちゃうもんね、そうでちゅよね〜？」

「1人前って何グラムぐらいだと思う？」

ダイエットに必死のドナが突然元気になった。「110グラムよ！」彼女は歌うように明るく言った。「鶏のむね肉はダイエットに最適なの」

私はむね肉をはかりに載せた。なんと450グラム以上あった。「ということは、これで4人分の料理が作れるということですよね」丸鶏の総重量の3分の2以上を、このむね肉のみが占めているのだ。牧草地で育てられた精肉店の鶏のむね肉が最も軽く、250グラムしかなかった。

膨らまされた鶏は稼ぎがいい!?

ジャーナリストのマイケル・ポーランが彼の著作『雑食動物のジレンマ』（東洋経

済新報社）で、**食肉業者は、鶏の飼育を通じて、むね肉の量を飛躍的に伸ばす方法をすでに研究済み**と書いた。金銭的観点からいえば、それは完璧《かんぺき》な会計センスといえるだろう。骨なし、皮なしの鶏のむね肉は450グラムで6ドルも稼いでくれる。それはざっくりといえば、丸鶏の卸売り価格の5倍の値段であり、むね肉以外の部位の値段の最低でも2倍はする。からくりは何かって？　**利益を上げるために、鶏は巨大なバラックに閉じ込められ、時間が来れば大量のエサを与えられ、少ししか運動させてもらえない**のだ。ドキュメンタリー映画の『フード・インク』では、一部の鶏が短期間にあまりにも大きくなり、最終的にはその巨大なむね肉の重さを支えきれずに転んでしまうようになる様子を見せていた。食肉業界のこういった行いを糾弾する人々は、このシステムは鶏に多大なストレスを与え免疫《めんえき》システムを破壊するため、食肉業者は大量の抗生物質を鶏に投与しなければならないと証言している。

　それと比較して、**オーガニック農家は鶏に抗生物質の投与をしたり、または農薬を使ったエサを与えたりできない**ことになっている。

「それじゃあ、このパッケージに〝すべてナチュラル〟って書いてあるけど、どういう意味なの？」とドリは、スーパーで買い求めた鶏を指して聞いた。

「理論上、それは〝鶏肉には人工的な味が付けられていない〟ということだけれど、事実上、そのナチュラルに全く意味はありません」と私は答えた。鶏肉は、豚肉と同じく自然の産物だ。合成物質で鶏肉を作ることはしていない。少なくとも、いまのところは。「企業の言う放し飼いは、似通っています。なぜなら、農務省が、鶏が外に出たいと希望したら、ドアから出ることができる環境という条件のみを義務づけているから。でもそれはどこにでも行ける環境である必要はないし、自由かそうでないかも決められていません」**鶏がどのように育てられているか知るには、業者の知り合いとなるか、業者を知っている精肉店に聞くか、どちらかしかない。**「放し飼いの鶏を育てている業者は、鶏の扱いにとても気を使いはじめているって話です」私は放し飼いにされていた鶏をペシペシと叩《たた》いた。「この子が育てられた農場は、実際に鶏を草の生えた場所に移動させていると言ってます。でも、スーパーで買うことができる標準的な鶏肉より、この子には3倍の値がついてる」

最初に見せた鶏から出た水分が小さな水たまりになっていた。ドリは「えーっと、この子、トイレに行かなくていいのかしら?」と言った。

「それってたぶん、生理食塩水だわ」**生産者が、鶏肉に水や塩水を注入する場合があ**

る。そうすることで肉が水分を含み、より重くなり、より高い値段が付く。肉ではなく、ただの水に。

　メンバーがざわつきはじめた。「マジで。ウソに決まってるって」とサブラは言った。「値段を高くするために、水を入れてるっていうの？」

「よく聞いて。私は、スーパーで売られている鶏肉を絶対に買ってはいけないと言っているわけじゃない。だってそんなの現実的じゃないでしょ。でも、あなたが買い物をするスーパーの食肉業者をちゃんと調べて欲しいって思ってます。市場に行って、精肉店の人に質問をして欲しい。水を注入されたくなかったら、そう言わなくちゃ。**消費者が意識を変えれば、与えられる製品の種類は変わっていくんだから。**私は知り合いの精肉店から買うようにしています。彼らは食肉業者のことをちゃんと知っていると信頼しているから。でも、いつもそうできるわけじゃない。忘れないで。**安いものを買っても、すべて使うことができなかったら、最初に考えたほどお得でもないっ**てことなんです」

　私はこのクラスを、鶏肉の調理方法を教えるだけで終わらせたくはなかった。私がキッチン訪問で目撃したものは、研究者たちが導き出した答えに確信を持たせた。**骨なし、皮なしの鶏むね肉の形を見て、ほとんどの人が鶏を動物と考えることができな**

いのだ。消費期限をとっくに過ぎた鶏肉が入っている冷蔵庫を、キッチン訪問のときに3カ所で目撃したのだから。

鶏は生き物

鶏は生き物だ。私がミシガンの農場で育った幼少期に学び、一度も忘れることができなかった話を参加メンバーたちに聞いてもらった。

「私が育った農場では、鶏を飼っていました」私は話しはじめた。少しだけ傾いた鶏舎が、私たち家族の住む、農場の納屋《なや》の前庭にあった。前年の冬にその家を買ったときに、両親が地元の農家向け市場で鶏のヒナを買ったのだ。年寄りの店主が125羽のヒナからスタートすることを勧めてくれた。「その125羽を買ってくれたら、おまけに125羽あげるよ」と、すすけた歯で干し草を噛《か》みながら彼は言った。

1時間後、父親のピックアップトラックには、5つのカゴに入れられた250羽のピーピー鳴くヒナが積み込まれた。私の兄も妹もヒナを気に入っていたけれど、1カ月もすると興味を失った。それと時を同じくして、両親は、あの老人にとってヒナは大もうけできる商品だと気づいた。彼は鶏のエサで大金を稼いでいたのだ。両親はヒナを食べさせるため、数日おきにエサの大袋を購入するため店に立ち寄っていた。ふわふわした黄色い小さなボールのようなヒナはみるみるうちに大きくなった。成鳥になると、彼らは巨大になり、羽をばたつかせる音はまるで毛布を振り回すようだった。数カ月後、パニックがはじまった。「鶏のエサ代で破産してしまいそうだった」と、後日母は私に打ち明けた。両親は畑をはじめるための種と鶏を交換し、一部は譲り渡した。でも、焼け石に水であった。

　学校の夏休みがはじまると、母は子どもたちを集めた。母は鶏を納屋の中の作業台にセットした。近所の10代の若者が鶏を捕まえ、押さえつけ、母が頭を切り落とし、内臓を取り出した。それをいちばん上の兄、ミルトンに手渡し、羽毛をむしるため、水を沸騰させた大きな鍋《なべ》に浸すように言いつけた。兄はまだ11歳だった。夏の数日間、ミシガンの高い気温のもと、子どもたち全員が輪になって座ると、汗をかいた手足に羽毛をチクチクと刺しながら、一心不乱に羽毛をむしった。１日で、両親は20羽の鶏を処分した。３日間の休みのあと、その後も20羽ずつ処理していった。２週間で、合計１２０羽の鶏を処分した。

　鶏が冷凍庫にそれだけたっぷりあるときには、たくさんの鶏料理を作ることになる。ロースト、煮込み、ソテー、ハンバーガーの代わりのパスタ料理。母もこんな料理はすべて作っていた。そして母はつねに、絶対に肉を無駄にはしなかった。「無理よ、あの作業の後ではそんなことはできない。あの鶏が歩き回っていた記憶があるうちはダメ。罪悪感が強過ぎるから」と言っていた。**「丸鶏からはじめれば、とても大切なことが理解できると思う。それは、かつてこの肉は生き物だったということ。それを知ることで、ほとんどの人が食材としての肉を無駄にできなくなると思うから」**厳粛な面持ちでメンバーは頷いてくれた。きっとみんなを白けさせてしまったと私は思った。

話し合いが終わり、作業の時間になった。リサは収納庫から巨大なプラスチックの容器に入った鶏肉を引っ張り出してきた。そして、全員の前に1羽ずつ置いていった。「まず最初に、解体します」私はちらりと時計を見ながら言った。「1回か2回やってみたら、あとは楽になるから」私はメンバーからためらいを感じていた。「やってみて。怖がらなくていいからね」

女たち鶏を解体する

メンバーの誰ひとりとして鶏丸ごと1羽を扱ったことがないのは、驚きではなかった。ジュリア・チャイルドがデビューした**１９６０年代初頭、小売りされている鶏肉**

の半数以上が丸ごと購入されていた。いまではそれは10パーセントあまり。景気後退の真っただ中で、再び増加傾向にある。メンバーが鶏肉に触れることなく、じっと見ている間に時間は過ぎていき、私はその晩の予定は多少冒険し過ぎたのではないかと心配になりはじめた。

　私は鶏の足を1本手でつかんで、ももの付け根の皮に包丁を入れて体から切り離すことで作業をはじめた。皮に包丁を入れ切り開き、手に持った足を引っ張りながら裏返すようにして、関節を開いた。そのまま包丁を進め、骨盤のくぼみにある〝オイスター〟と呼ばれる、やわらかくて、おいしいものの肉の周辺まで切り取った。鶏の足を切り取りながら、フランス人はこのオイスターの肉が鶏肉のなかでは最も美味しい部分だと考えていることをメンバーに話した。「この部分に使うフレーズまであるの。〝ル・ソリレス〟。〝愚かな者のみが残す〟という意味」両脚を切り落とすと、胸骨に沿って包丁の先を滑り込ませ、胸郭まで注意深く包丁を進めて、むね肉を背骨から切り離した。羽を支える肩の関節を触って、肉のやわらかい部分を探し当て、包丁を入れた。

　皮を下にしてむね肉を置き、包丁に少し体重をかけて、胸骨の上側を割って開いた。この状態では、胸骨はむね肉に付いたままだ。包丁に体重を乗せ、そのままむね肉を切り開いた。手羽も同じようにして切り離し、ドスンとまな板の上に置いた。

　さて、メンバーの順番だ。眉《まゆ》をひそめ、包丁を握りしめ、女性陣は勇敢にも鶏肉の解体に取りかかろうとしていた。ドナは鶏の手羽をこれ以上ないほど上品に持ち、なるべく触れないようにしていた。私の左側では、ジェンがもも肉をばっさりと切り落としていた。完璧だった。「やったぜ！　見てよ！」

　作業台のあちらこちらで、結果は様々だった。マギー、リサ、そして私は作業台を回ってアドバイスをしていった。包丁の握り方にかたくななテリは、背骨をのこぎりを引くように必死に切っていた。トリッシュはもも肉に付いた骨を無理にたたき切ろうとしていたが、完全に関節からは外れていた。

「あ、ちょっと待って。**骨に当たったら、そこで止まる。深呼吸するの。そして包丁を引く。ただしい作業をしていれば、そこまで力はいらない**はずだから」

「指の関節を触ってみて」私は声をかけた。みんなが自分の指の第1関節を触りはじめた。「それじゃあ、目の前のもも肉の関節を触ってみて。似たような関節を触ることができる？　すこしその辺りを触ってみてもらえるかな」

　テリは鶏の腿《もも》の関節部分をつんつんとつついていたが、とうとう探し当てたようだった。「見つけたら、包丁を入れて、切ってみて」彼女は関節に包丁を入れ、簡単に足を切り落とした。私はドナが鶏の腿のカーブを指でなぞって、一発で包丁を入れて切り落とす様を見ていた。無意識に彼女は歓喜の声を上げて、ガッツポーズをした。「やったわ！」そして彼女は辺りを見回すと、そのガッツポーズの腕を恥ずかしそうに下げた。

もも肉を切り落としたので、私たちはむね肉エリアに取りかかることにした。メンバー全員が胸骨を割る音が部屋に広がっていた。リサは各部位を入れるための大きなボウルと、残りの骨を入れるプラスチックのコンテナを持ってきた。

包丁を置いて、マギーがまな板をお皿のある場所で軽く洗い流し、メンバーが手洗いの列に並びはじめた。全員が様々なバージョンの「ハッピーバースデー」を歌っていた。私は時計を見た。すでに30分もオーバーしている。それなのにまだ、料理まで辿《たど》りついていなかった。その晩のゴールは、オーブン焼き、ベイクド、網焼き、そして煮込みだった。

心要以上に焼いても何も起きない

「まずは鶏を丸ごとオーブンで焼いていきます。切り分けた個別の部位も焼いていきますよ。ちょっとした脂肪分が必要になってきますね。たとえばバター、オリーブオイル、ごま油、それから調味料かな。酸味もいいわね、たとえばレモン、ライム、酢、または白ワイン」

メンバーにデモンストレーションするために、私はオーガニックの鶏を手にとって、自分のまな板の上に置いた。むね肉のあたりから作業をはじめた。私は注意深く自分の指を皮と身の間に伸ばすようにして広げ、間の薄い膜をほぐすようにした。そこにできた隙間《すきま》に、刻んだにんにく、生のハーブ、オリーブオイルを混ぜたものをこすりつけ、皮でフタをし、皮には塩をして、黒こしょうを挽《ひ》いた。そして少量のカイエンペッパーをすり込んだ。仕上げに、もも肉の真ん中ほどにできたくぼみにレモンスライスとにんにく2粒を詰め込んだ。

「複雑な調理器具が必要だなんてことは、今日で忘れてね」と私は言った。「必要なのは、フチの高さが最低でも2・5センチある、オーブンで使うことができるフライパン。この高さは鶏肉自体よりも高過ぎないこと。オーブンに入るサイズのものがあるなら、スキレットを使ってもいいですよ」

ロースティング・ラックは使い勝手がいいけれど、どうしても必要というわけではない。このケースでは、私たちはシンプルな四角形のフライパンをケータリング用品のなかから選んで使った。ぶつ切りにしたにんじん、セロリ、そして玉ねぎを敷いて、鶏肉をその上に置いていった。「野菜が鶏肉を持ち上げることで、余分な脂が下に落ちます。それから、フライパンに鶏肉がこびり付くのを防ぐことができます」

〝最良の〟ロースティング〔水分を加えずに焼き付ける〕技術についてはシェフたちの間でも意見が分かれるところだ。私はシンプルにこう考えている。「高温で焼く。だいたい220度ぐらい。私の場合は、40分ぐらい焼き付けてから、裏側を焼くためにひっくり返すけれど、トングを持ち出して熱々の鶏肉をひっくり返すのが面倒であれば、そのまま放置しておけばいいと思ってる。ねえリサ、あなた、鶏肉ひっくり返す？」リサは首を振った。「ね？　180度っていう人もあれば、200度っていう人もいる。これは科学の授業じゃなくて、どちらかというと美術の授業に近いの。**1時間焼いてみて、温度計で中の温度を測ってみて、80度を超えている、あるいは肉を持ち上げてみたら出てきた肉汁が透き通っているかどうか、それでいい。**ピンクだったら？　もう一度オーブンに入れましょう。透き通っていたら？　オーブンから出しましょう。それから、アルミホイルで包んで何分か休ませましょう」

肉はオーブンから出した後でも数分間は調理され続ける。これは〝余熱調理〟と呼ばれている。肉を休ませることで、肉汁が肉の中に閉じ込められる。

「肉が生焼けだとどうなるの？」とシャノンが聞いた。それは、彼女のキッチンで私たちの話題になったことだった。「いつも生焼けのことが心配になって、焼いて、焼いて、もっと焼いて、最後には最悪の状態になってしまう。鶏肉は思いっきり焼かなくちゃいけないものでしょ？」

「推奨設定温度っていうのは、鶏肉の表面にあるバクテリアを実際に殺すことができる温度よりは高いことが多いんです」と私は言った。「必要以上に焼いても何も起きない。それって妊娠してるのに、もうひとり妊娠したいって考えるようなものでしょ。**そんな心配をするぐらいだったら食肉用の温度計を買ったほうがまし。それがあれば推測する手間がはぶけるから**」

オーブンの上段に鶏肉を突っ込むと、熱風が作業台を直撃した。

次に、私はあばら骨付きの鶏むね肉を手に取ると、まな板の上に置いた。「いい？皮の下に何を入れるか。丸鶏のローストと同じ事だから。わずかな脂肪分、そしてほんの少しの風味が必要でしたよね」デモンストレーション用に、私たちはアイナ・ガーテンの有名な料理番組のなかから、山羊《やぎ》のチーズを鶏の皮の内側に塗り込み、バジルの葉を数枚滑り込ませるレシピを採用した。鶏肉にオリーブオイル、コーシャーソルト、そしてこしょうをすり込んだ。全員が同じようにし、それからオーブンシートを敷いた天板の上にすべてのむね肉を置いた。私たちはその肉を、キッチン内のもう1台のオーブンに入れ、温度を190度に設定した。「30分ほどこのままにしておきます」

料理には耳も使って

私たちは次を急いだ。「**蒸し煮とは、シンプルに表現すれば、食材を少しの水分とともに、弱火で調理することです**」私とリサは、大きなボウルに入った骨付きもも肉からスタートした。私たちはテイスティングで使用した、ディジョン社のマスタードを使った定番のマスタードチキンを作ろうと決めていた。

「**赤身の肉は煮込みにぴったり。なぜかというと調理に時間がかかるし、ゆっくりとした調理に向くからです**」と私は言った。メンバーが業務用コンロの周りに集まった。リサが大きな鍋に油を注ぎ込み、熱されるのを待っていた。「**まずは、鶏肉に焼き色**

を付けます。美しくて、深い焼き色を付けることが本当に大切。必要なのは、十分熱したフライパンと、十分熱した油です」リサが大きな鍋の準備を整えたとき、私は言った。「ここで、肉を入れ、フライパンを思いっきり振ります。先週ローリーが見せてくれたように、です。ああやってフライパンを振ることで、肉がフライパンにくっつかないんです」

　リサはもも肉を高温の油の上に、トングを使って置いた。まるで文句を言うかのように、フライパンは大きな音を立てた。私は鶏肉を追加していった。

「聞こえる？」私は聞いた。これは大切な授業だった。「**目で見るだけで料理しちゃダメ。耳も一緒に料理すること。**聞いて。とても大きい音でしょ。ジュージューって、ちょっと怒ってるような音がしてるよね。聞くことが大事。家庭で高温調理することを怖がる人が多いけれど、怖がらないで欲しい。鶏肉のにおいをかいでみて」リサは参加者たちを手招きした。「ほら、近くに来てみて。においをかいでみて。どんなにおいがしてる？」

　ドナ、シャロン、テリ、そしてサブラがフライパンの近くに来て鼻をくんくんと動かした。3人は声を揃《そろ》えて「高温の油」と言った。

「その通り。鶏肉のにおいがするようになったら、調理が進んでいるということです」

私たちはマギーがまな板を片づけ、玉ねぎ、セロリ、にんじんの入った大きなボウルを置いてくれた作業台に戻った。リサはガス台に残り、鶏肉を見守った。私たちは野菜を刻みはじめた。**包丁のレッスンからわずか2週間後だというのに、メンバーは玉ねぎをつかんで半分に割ると、まるでレストランに長年勤務していたかのごとく、みじん切りにしていった。**苦労していたのはテリだけだった。マギーは再び、テリの包丁の握り方を正そうとしていた。テリは頷き、感謝していた。数分後に私がチェックすると、彼女は再び元の握り方に戻っていた。これは意図的な抵抗なのか、それともしっかりとした改善が必要なことなのだろうか？　私にはわからなかった。混乱した。

煮込みはいつも同じ

私は、家で練習をしている人がいるかどうかを尋ねた。「もちろん！　私、包丁を研いだ話ってしたかな？　気分は最高よ。作業がずっと早くなったしね」とシャノンが言った。

「あの授業以降、ミニキャロットは買ってない」と、ジョディは誇らしげに、それでもまな板からは一瞬たりとも視線を外さずに言った。「夫はにんじんの炒め物が好きで、息子も食べてくれるわ。だから週に1キロから1・5キロはにんじんを使っていると思う。500グラムに2ドル払う代わりに、60セントぐらいしか使わなくなったから、すごく節約できているはず」私はドナがみじん切りをしている作業台の端まで移動した。キッチンを訪問したとき、彼女は夫が彼女の包丁使いを頻繁にからかうのだと、私に教えてくれていた。ふたりの関係では、食べ物が大きな問題になっているといえた。彼女が新しい包丁を持っていることに私は気づいた。何気なく、最近どう？　と質問をした。

「私と夫で、この前、料理をしたのよ。どうだったと思う？　私、野菜を切ったのよ」彼女は視線を上げ、微笑《ほほえ》んだ。えくぼがチャーミングだった。「**ここに通いはじめてから、夫にはこう言えるようになった。ちゃんとわかってるわよ、邪魔しないでよってね**」彼女はしばらくの間、静かに刻んでいた。「夫には、買い物にも行くからって伝えたよ」

「それで、買い物はどうだった？」と私は聞いた。

彼女は高い声を低くして言った。「まだ話し合っている途中かな」彼女の顔が赤くなった。彼女の何かが私の母性本能を刺激した。私は彼女を抱きしめたくてたまらなかったけれど、その代わりに彼女の肩をぽんぽんと叩いた。

最後の野菜を刻み終わると、作業台まで鶏肉の強い香りが漂いはじめた。参加者たちは顔を上げた。まるで頭上に漂う香りが見えるようだった。「これは、鶏だわ……」シャノンは思ったことを大声で口にしていた。

私たちはリサが鶏肉をトングで取り出しているガス台まで集まった。10分後、鶏肉に深い茶色の焼き色がついて、皮は少し縮んでカリカリになっていた。

シェリルが手を挙げた。赤ちゃんのリアムがそれを見上げていた。「茶色く焼くと、肉汁が閉じ込められるわけ？」

「それはいわゆる神話ね」と私は説明した。「実際のところ、熱は肉の中の肉汁を閉じ込めるのではなくて、出す役割をします。肉の外側をカラメル状にするために、肉を茶色く焼き上げる。甘みとうまみを引き出すためにね」

「**言い換えれば、茶色い焼き色イコール、めちゃウマってこと**」とリサは言い、もも肉を鍋の中に戻した。

「その通り」と私は言った。「**煮込みはいつも同じです。まずは、焼き目、野菜、ひたひたの水分、フタ、そしてコトコト。たったこれだけ。**これを知っているとなんでも煮込むことができるわよ」

私は鶏肉を鍋から取り出してボウルに入れ、先ほど刻んだばかりの玉ねぎ、セロリ、にんじんを鍋に入れた。野菜がやわらかく煮込まれている間、私たちは作業台に戻り、全員で茶色い焼き目のついた鶏肉にディジョンマスタードを塗っていった。その鶏肉を鍋に戻し、チキンスープを入れ、ハーブと白ワインを加えた。そして鍋にフタをしてオーブンに入れると、煮込みはじめた。

「鶏むね肉を調理するときに、やっかいなことがあります。食肉業界は鶏のむね肉を大きくしようとやっきになっているにもかかわらず、肉の形や厚みを考慮していないんです。だから、真ん中部分がすごく厚くて、端が薄い」

「私の秘密はこれ」と言い、私は骨なしのむね肉をまな板にのせて、真ん中あたりからそぎ切りにして、2枚のフィレにした。私はそれを手にして、参加者たちに見せた。

「これでむね肉は半分の厚さになったし、形も整えられたはず。これで火の通りも同じになるよね。言わずもがなだけど、ひとり分として適切な量にもなる」

「それってスゴイ裏技だ」とシャノンは言った。「端が焼け過ぎて硬くなっても、真ん中には火が通ってないことが多いもん」

私だけの〝味のキス〟

私は、何年も前に、フィレンツェ郊外の料理教室でイタリア人のおばあちゃん先生から学んだ、鶏むね肉に風味を付ける方法を伝授することにした。「おばあちゃん先生はこう言ったんです。〝味のキス〟って」私はオリーブオイルとレモンジュース、塩、こしょう、そして乾燥タイムをボウルに入れた。そこに2枚のむね肉のフィレも加え、混ぜ合わせた。「このまましばらく置いておきましょう。それから料理していくから」

私たちはガス台の周りに集まった。私は小さな炒め物用のフライパンに油を加えた。油の温度が上がったら、トングを使ってむね肉を入れた。むね肉はやわらかな音を立てはじめた。私はフライパンを軽く振った。3分後、それを裏返した。再び3分焼くと、チキンスープを加え、火を弱くし、フライパンにフタをして数分待った。「私が以前勤めていたレストランでは、シェフがスープやワインのような水分を料理の最後に加えていて、いまでは私もそうしてます」と私は言った。「しっとり感と風味を加えることができるから」

マギーは全員に味見するためのフォークを手渡した。「美味しい」とシャノンは言い、フォークを使ってもうひと切れ味見をした。「なんて言ったらいいの、美味しいのよ。パサパサしてない。私が作ったら絶対にこうはならない」

私たちの訪問時、トリッシュも同じように、硬くなってしまう鶏肉について話していた。「私の鶏肉料理もこうはならない。低温でいつまでも調理してるからかなあ」彼女は考え込んだ。「かなり長時間、火にかけてる」

「さあ、あなたたちの順番よ」と私は言った。私が調理している間に、マギーとリサが、オイル、酢、にんにく、ハーブ、そしてスパイスをキッチンの中から集めてくれていた。納戸《なんど》から、瓶に入ったペストソース、ドライトマト、生姜《しょうが》、レモン、そしてライムも集められていた。これらがすべて作業台の上にごちゃごちゃと置かれていた。参加者たちは手に小さなボウルを持っていた。

「まず最初に、鶏のむね肉を私がやったように半分にスライスしてくださいね。1枚はソテーに、もう1枚は網焼きにします」と私は言った。マギーは作業台の周りを歩いて回って、解体してあった鶏のむね肉を配っていった。「さて、〝味のキス〟を加えてもらえるかしら。シェフたちの言う〝味のプロフィール〟について考えてみて。シェフの専門用語みたいに聞こえるかもしれないけれど、簡単なことです。たとえば、アジア料理に共通する味はなんだと思う？」

ジョディが手を挙げた。「ごま油、醬油《しょうゆ》、それから米酢？」

「すごいわ」と私は言った。「それをまとめておきましょう。それじゃあ、イタリア料理はどんな味がする？」

ドナが考えた。「オリーブオイル、イタリアンハーブ、それからペストかな？」

次々と考えていった。カリビアンは？　ジャーキー風味の香辛料、それからホットソース、ライム、ココナッツ。テクス・メクス料理（アメリカのテキサス州や国境を接するメキシコの料理の総称）は？　コーンオイル、チリパウダー、にんにく、クミン、それから少しのライム。短時間でメンバーは手に負えないほど熱中しはじめた。「ちょっと、これ楽しいよ！」とジョディは言った。「私にもできるんだ！」

やりたかったのは、各成分の味を評価することだったのだ。**「オイルや酢のにおいをかいで、味見してみる。スパイスも同様よ。味見していくと、互いにどう作用していくのかが理解できるから」**

マギーはメンバーの名前を書いたマスキングテープを皿に貼《は》り付けていった。各メンバーは、2枚あるむね肉のうち1枚のソテーを終わらせると、その名前の書かれた皿に載せていった。そしてガスコンロの横のガスグリルに移動した。

トリッシュ涙を拭《ぬぐ》う

「鶏のむね肉をグリルするときに忘れてならないのは、火に直接さらさないということ。肉が脆《もろ》いんです。鶏肉をグリルするときの簡単なコツは、金属のボウルで覆《おお》うこと。そうすることでむね肉が熱に包まれて、より早く調理され、肉が乾くのを防ぐことができるから。トングを使って持ち上げればいいから、ヤケドはしません」

グリルドチキンが皿に載せられた。次にベイクドチキンが取り出され、全員がそれを欲しがった。オーブン焼きされた鶏肉には深い焼き色がついていて、とてもいいにおいがしていた。

作業台に戻ると、ナイフとフォークをがっちりと握りしめ、くらくらするほど期待に胸膨らませて、メンバー全員がそれぞれの鶏肉を頬張った。

「ああ、なんて美味《おい》しいんだろう。どれぐらいかかったかな？　10分以下だよね？」とシャノンが言った。「なんでいままでこういう感じに切って、最初に少しの油と味付けをするって考えなかったんだろうなあ」

サブラは自分がソテーした鶏肉を食べて、ぴょんぴょん跳んでいた。「マジで！

めちゃウマじゃん！　ちょっとみんな、あたしの食べてみてよ」彼女は自分の皿をジェンに差し出した。それは私にヒントをくれた。

「ねえみんな、右に移動してみようよ」と私は言った。「他の人の鶏肉も食べてみて欲しいんだ」

メンバーは、ごちゃ混ぜになりながら、次から次へと皿のある場所を移動していった。全員の一致した意見としては、ドナとサブラのソテーがいちばん美味しいということ、オーブン焼きの鶏肉では、ジョディとトリッシュがいちばんだった。シェリルは赤ちゃんのリアムを抱えたままガス台に近づきたくないと言ったけれど、それでも鶏肉に味付けはして、それをリサが料理していた。彼女のスパイシーなテクス・メクス風味の鶏肉は絶賛された。

マギーがマスタード煮込みを取り出したのは午後10時近くになっており、すでに全員が帰りじたくをしているときだった。皿には素晴らしい煮込み料理の要素が詰まっていた。深い味わい、そしてやわらかさ。肉が骨からほろほろと崩れ落ちるほどだ。私たちは残り物をパックに入れていった。リサが地元のレストラン器具専門店で買った持ち帰り用パックにたっぷりと入れてくれた煮込みは、夕食に十分な量だった。

サブラは自分自身を抑えることができなかった。

「今日の授業は最高だった！　いままで一度もやったことがなかったことができたんだもん！」

サブラが持ち帰り用パックをしっかりと握りしめているときも、トリッシュはぐずぐずと帰ろうとしなかった。彼女がキッチンに残っている最後のメンバーとなった。マギーとリサ、そして私は片づけをはじめていた。

「どうしたの？」私は彼女に聞いた。

彼女は目を拭った。「私、なんでこんなに簡単なことを知らなかったのかな。なぜいままで習おうとしなかったのかな」

「ジュリア・チャイルドはね、32歳になるまで料理を習うことはなかったんですって。それまで、彼女ったら、食べるだけだったのよ。だから、遅過ぎるなんてことはないと思うんだ」私は彼女を抱きしめ、そして持ち帰り用のパックを手渡した。「また来週会おうね」

キッチン初訪問④ドナ　夫との力関係の危うさが料理に出る女

夫婦の忠誠とダイエット

シアトルのすぐ近く、ワシントン州タコマで私たちはドナに会った。シャイで幼い顔をした26歳の新婚の女性で、簡素な住宅街に暮らしていた。特徴的な髪型はシャーリー・テンプルのようだった。カールさせた黒髪が、肩にほんの少しかかっていた。とても小さな、少女のような声で彼女は「アイスティーはいかが？　ガレージにあるのよ」と言った。

ドナはとんでもなく可愛《かわい》い人だった。彼女と夫は2年前、結婚するちょうど1週間前に、その家を購入したそうだ。家はお互いへの忠誠を表しているようでもあった。居心地のよいキッチンはまるで1960年代のドラマのシーンそのもので、カナリア色のレトロなキッチン用品で溢《あふ》れていた。

ドナはアフリカに住む家族を支援する、国際支援機関の通信課で長時間労働に就いていた。夫と結婚したとき、夫が料理を作ること、皿を洗うこと、そしてドナがすべての洗濯を担当することをふたりで決めた。でもいまとなっては、夫に料理は頼めない。「彼が作るものが健康的というわけでもないし」と彼女は言った。

ドナは体重を管理するための教室に何カ月も通っているものの、落としたい20キロのうち2キロしか落としきれずにいた。教室のカロリー計算システムはいいけれど、外食しているときはそれが役に立たない。そして最近、ふたりは外食ばかりだという――それも相当頻繁に。

「私も夫も、必死にやめようって思ってる。彼は午前中に一切食べなかったり、逆に午後に何も口にできないような生活をしてるから。家族の中では彼が調理担当だけど、一緒に車で帰宅するまでには、かなりお腹《なか》が空《す》いた状態なのよね」

2年前、ふたりが結婚する直前に彼が40キロの減量に成功していたことを打ち明けてくれた。その後、すべてリバウンドしてしまったという。

「当時は、喜ばせたい女の子がいたってことだと思う」と、彼女は顔をしかめて言った。「**私が料理を学びたい理由は、1日の摂取カロリーを減らすことができるから。でも仕事から帰ると解放されてしまう。どうやって料理したらいいのかわからない。**だって私の仕事じゃないんだもん。だから夫の言いなりになってしまうのだと思う」

最初に見せてくれた食品棚には、長らくそこにあった様子の置き換え式ダイエット食品が入っていた。「ああ、忘れてた、それのこと」と、彼女は恥ずかしそうに言った。同じ食品棚から彼女は粉末状のマッシュポテト、ゼリーミックス、それからプロセスチーズの箱を取り出した。「あ、３つも４つも同じものがある。**レシピを見つけると材料は全部買うんだけど、同じハーブやスパイスがあることに家に着くまで気づかないのよね**」

より高い位置にある棚には、小麦粉、砂糖、パンを焼くのに必要な材料がたくさんはいっていた。私は彼女に、なぜ同じインスタント食品をいくつも揃えているのか聞いてみた。

「それはね、倉庫型のスーパーで頻繁に買い物するから。よく行くから、ビジネス会員になったらいいって勧められたの。そうすれば節約できるって」

足元の引き出しには１００キロカロリーのスナック菓子が山ほど入っていた。「確かにこれが好きだった時期もあるけど、こんなものはダイエットにならないよね。**私って依存するタイプだからどうしてもひと袋じゃ満足できなくって。もうひと袋食べるまで何も考えられない**」

彼女は無言で冷蔵庫まで移動した。いちばん上には、なにやらピンク色をした大量の飲み物が幅を利《き》かせていた。「夫が買ってきたの。捨てたくなくて、しょうがないから飲んでるけどね」そう言いつつ彼女は瓶に貼ってあるシールを読んだ。「なにこれ、最低。最後に〝剤〟ってついたら体によくないよね、たぶん。添加物に〝酸〟ってついたらもうダメって感じ」彼女は冷蔵庫に瓶を戻した。

「だから私、知識を得たいんです。そうすれば賢い選択ができるでしょ」

神を冒とくしている気分

冷蔵庫にはその他に、バターの塊があり、引き出しには大量の低脂肪チーズが詰まっていた。

食品科学者が無脂肪チーズの製造過程を複雑なパズルのようだと説明したことがある。多くの化学物質、増粘剤、砂糖、それらを混ぜ合わせるために塩を加えるのだ。

「低脂肪にするためにどんな作業をするか、考えたことあるかな？」と、私は彼女に聞いてみた。

彼女は首をかしげて「ないわね。いままで考えたこともなかった」と言った。

私たちは次へと進んだ。パックに入った果物がたくさん見つかったが、その中には小さなプラスチックのコンテナに入ったものも多かった。「そうそう、消費期限が来年まであるから、グレープフルーツは途中で食べるのをやめてコンテナに入れたの。でもそれってちょっと怖いよね。**だって普通、果物って腐るでしょ？**〔この商品はプラスチック袋に入っており、現代のパッケージ技術により凍らせる必要がない、と製造会社が謳っている〕」

「夫は、半分捨てることになっても、大量に買ったほうが安いんだったら、そうしたほうがいいっていつも言う」

「でも、あなた、悲しそうよ」と、小型のビデオカメラを構えながらリサが言った。

「それについては意見はなし」と彼女は答えた。でも、彼女の顔は赤くなっていた。

彼女は冷蔵庫のツアーを続けた。私たちは消費期限切れの調味料やたくさんのダイエット・ソーダについて話し合った。別の引き出しに、茶色くなったレタスを二玉見つけた。彼女は顎《あご》を噛みしめた。そしてレタスを一玉手に取ると、見つめていた。ハムレットが幼なじみヨリックの頭蓋骨《ずがいこつ》をじっと見つめる……といった雰囲気ではなかった。

「私、家の中に食べ物がない家庭で育ったのよね」と彼女は、私たちにというよりは、茶色くなったレタスの芯《しん》に向かって言った。「フードバンク〔困窮者や困窮者に食料援助を行うNPO団体に食料を配給する民間の組織、またはその施設。最初のフードバンクは、アリゾナ州フェニックスで1967年に設立された〕によく行ったわ。食べ物を捨てるなんて神を冒とくするに近いこと。そのうえ、私の仕事は飢えているアフリカの子どもを救うことでしょ」彼女の声のトーンが高くなった。そして彼女は、レタスをゴミ箱に放り込んだのだ。「そうよ。**大切なものじゃないみたいに食べ物を捨てることは、私にとって、すごくつらいこと。私だって無駄にはしたくないよ**」

　リサと私は顔を見合わせた。触れてはいけなかったようだ。「でもね、ドナ、あなたさっき、意見はないって言ったよね」私は穏やかに話しかけた。

　彼女はざっと冷凍野菜の袋を見せたが、ふたりは冷凍の野菜を使わないという。なぜなら、野菜を使った料理はしないから。冷凍野菜のよいところのひとつは、すでにカットされているというところだ。「**夫は、私が包丁を使う姿を見て笑う。料理をするたびに、全部メチャクチャになるから。それで自信をなくしちゃった**」子どものころは、彼女がキッチンに立つと、彼女の兄はきまってからかったそうだ。「『待てよ、料理するつもりじゃないだろうな？　俺たちみんな殺される！』って。全然笑えなかった」

切ない本音

「料理って楽しいと思う。誰かが料理をしている姿を見ると、私もやってみようって思うんだ。でも、自分で料理してみると、すごく怖くなる。パニックを起こしてしまう。もう誰にも料理を作りたくない。以前は自分の人生のすべてに自信がなかったけれど、いまはすべてに自信を持つことができていると思う。料理以外はね」

彼女は〝エル・パソ・キャセロール〟を作ることにしたようだ。それは彼女の定番で、母親から教えてもらったレシピだそうだ。トマトスープの缶、七面鳥のチリ缶、コーンクリーム缶、それからチェダーチーズのすり下ろしを使ったメニューだ。

チリの缶を缶切りを使って開けるとき、彼女の手が震えていることに私は気づいた。かわいそうなドナ。とてもつらかったに違いない。ひとりではなくふたりもキッチンにやってきて、うるさい質問をくり返し、彼女が唯一《ゆいいつ》苦手とする料理を映像に残そうというのだ。

「私も料理が全然できなくて、だから料理学校に行ったのよ」と私は彼女に言い、彼女のそばまで行った。私は彼女の肩を軽くきゅっと抱きしめた。**「今朝なんてトーストを焦《こ》がしちゃった。この前はステーキが真っ黒。そういうことってあるよ。**ジュリア・チャイルドだってテレビ番組でソースに失敗したり、じゃがいもを落としたりしたんだもん」

彼女はうれしそうに微笑み、控えめに笑ったけれど、その笑顔もハンバーグを焼きはじめた頃には消えてしまった。

「料理なんて簡単だよって友だちは言うわ。教えてあげるよって。**でも私にとって料理ってすごく怖いものだから。**友だちが遊びにきて、その子が料理上手で、すごく楽しそうに作ってくれるのを見るでしょ。でも彼女が私に料理をしてって頼むと、外食しましょうって答えてる。私って、自意識過剰かな」

料理が、何かを作ってそれを分ける価値のある行為というよりは、雑用だと捉《とら》えられていた家庭に育ったことに原因があると彼女自身は考えているようだ。

「**自分にとって料理が自然なものになって欲しい。**食材の選択肢を増やすことが自分にとっては大切だって気づいたから。いまは選択肢が十分にないと思う。ちゃんとした食事を取るんだったら、自分で学ぶしかないものね」

ドナにとって料理はまるで、地雷の埋まる危険区域のようだ。それは彼女自身の食材との関係や、彼女が感じている夫との力関係の難しさにもいえる。夫は料理することができ、彼女にはそれができない。このよくないバランスが彼女を、キッチンとい

う自分自身の家の中心でありながら、居心地が悪くてコントロール不能な場所へと導いていた。

彼女はキッチンを「夫のキッチン」と説明し、調理道具の場所やフライパンの場所さえわからなかった。週に50時間働き、アフリカの子どもに食物を与えようと努め、しかし、夫は最後には大量に無駄にしてしまう食材を買っていた。それでも彼女は、まだ若い時点で、自分を変えなければと気づいたのだ。

訪問した参加者のなかで、ドナは最も多くを学び、また最も挫《ざ》折《せつ》しやすいと感じた。

キャスリーンのレシピ①　イタリアの田舎風ズッキーニのペンネ

材料

（メインディッシュならば2〜3人前／サイドディッシュならば4人前）

・オリーブオイル　大さじ3
・ズッキーニ　1・5kg　1・5cm角のさいの目切り
・ペンネのような全粒粉パスタ　２００g
・粗塩と黒こしょう　適宜（挽《ひ》きたてが望ましい）
・茶色く炒《いた》めたタマネギ1カップ（なくてもよい）

手順

①　大きな鍋にオリーブオイルを入れ、中火で温める。ズッキーニを全量入れ、均一に焼き目を付けていく。中火でよくかきまぜながら焼く。鍋の大きさやさいの目の大きさで差はあるが、12分〜25分ほど根気よく炒め続けると、ズッキーニに茶色い焼き

目が付き、ほろほろと崩れはじめる。

② 別の鍋で水を沸騰《ふっとう》させ、塩を入れる。パスタの袋に記載されている茹《ゆ》で時間より２分ほど短く茹でる。時間になったら湯を切る前に、パスタを茹でた茹で汁を７２０mℓとりわけておく。

③ 茹で汁２４０mℓを①の鍋に加え、軽く沸騰させる。ぐつぐつ煮込まないように、火の調節をすること。水が少なくなったら再び茹で汁を足し、煮詰めていく。ズッキーニが、濃いクリーム状になるまでこの作業をくり返す。

④ ③でできたズッキーニの入った鍋に、茹で上がったパスタと粗塩を２から３つまみほど加え、黒こしょうをたっぷりと振る。パスタがやわらかくなるまで全体を炒める。炒めたタマネギを加える場合は、ここで加える。盛りつける前に必ず味見をして、塩こしょうの調節をすること。

第2部

加工食品はもういらない、なんだってイチからカンタン

ティッシュみたいな味をしたパンが売られる国が、
素晴らしい国のわけがないじゃない？
――ジュリア・チャイルド

清流のように流れるパンを焼くにおい。
その喜びと潔白さを呼び起こす様は
言葉で言い表すことができない。
――M・F・K・フィッシャー

第6章　パンだって立ち上がる

レッスンのハイライト☞こねないパン、シンプルなパスタソース。

こねないパン現象

ホームメイドのパンに対する深い愛が生まれつき備わっているにもかかわらず、一度として焼き方をマスターすることはなかった私。小さなキッチンで、作業カウンターもないような独身時代だったし、オモチャみたいなオーブンではパンを焼こうなんて意気込みは持つことができなかった。ル・コルドン・ブルーのカリキュラムでは、パンの焼き方はまったく習わなかった。**フランスでは、パンの製造は優れた技術であると同時に調理科学と見なされ、集中的な研究が必要と考えられている。**たとえば、食肉処理やパティスリのように、だ。私の個人的なホームメイドのパンへの思いが、すべてをややこしくしていた。……こねないパンに出会うまでは。

２００６年、フードライターのマーク・ビットマンによってニューヨーク・タイムズに掲載された、ニューヨークのサリヴァン・ストリート・ベーカリー店、ジム・レイヒー考案のこねないパン。この現象は、多くの人の知るところとなった。ビットマンは、パン焼きというわば普遍の作業に大きな変化が起きるのは、まれなことだと書いている。焼きたてのパンを簡単に作ることができるとする戦略は、革新的である。私はレイヒーの製法を試してみたし、その後出版されたこねないパンに関する書籍の中からいくつか試して焼いてみた。結果は、信じられないほど素晴らしかった。**堅くてぱりぱりとした皮の、まるで熟練のパン職人が焼いたようなパンが、たった60セントで焼き上がる**のだ。マイクはこのパンをとても気に入って、小さなわが家のパン職人役をかってでたほどだった。

次の授業では、私たちはパスタの作り方を学ぶ予定で、こねないパンは計画に入れていなかった。「本気？　あそこでバーナーやオーブンの火を使ったらめちゃくちゃ暑いよ」とリサは電話で言った。そう言いつつリサが汗をかきはじめたように感じたほどだ。「それにさ、マギーが用事があるらしくて。しばらく手伝ってもらえないみたいだし」

私は電話を切り、ジェフを探して階下に降りた。イベントが重なり合う状況のこのとき、ロンドンで私の住んでいたアパートの上階に住んでいた彼は、シアトルで再就職先を探していた。しかし2008年は求人需要が低く、まだ仕事は見つかっていなかった。マイクと私は三十年前に建築家とその息子によって二世帯住宅に建て直された、一九〇二年建築のオランダコロニアル様式の家に住んでいた。私たちは二階に住み、一階を貸していて、マイクは一階のキッチンのリモデルに精を出していた。一階を借りていた人たちが引越すとすぐにジェフはやってきて、マイクは、無料で貸すが少なくとも数カ月はキッチンは使えないよと彼に言った。ジェフは気にもならないようだった。

「もちろん、プロジェクトを手伝うよ。リゾットを教えるといいんじゃないかな。ゆうべ風呂場《ふろば》で電気ケトルを使って作ったんだぜ」彼はズボンにアイロンをかけながら私に言った。「すごく美味《おい》しかったよ」と、彼は自分の創意工夫に心底喜んでいるようだった。「君さ、風呂場で作る料理について1冊書くといいと思うよ。電気ケトルを使ってさ。電気ケトルなんて、いままで絶対に前例がないはずだから。あ、そうだ。バスタブの中のバケツに冷えたピノ・グリが入ってるけど、飲む？」

パン焼きクラスのランチタイムまで、風がなく、蒸し暑い状態だった。キッチンの中はよりいっそう暑かった。ケータリング会社の従業員が、オーブンと業務用コンロを、高温で1日中使った後だったのだ。私たちが到着したとき、キッチンの中の温度計は38度を指していた。使う道具をすべて揃《そろ》えた後には、ひと休みが必要だった。マイクと私はウォークインクーラーに直行した。ジェフは冷えたソーヴィニョン・ブランとグラスを3つ持ってついてきた。私たちは野菜の入った木箱の上に座って、クールダウンしようとワインを飲み干した。「美味しいなあ」とジェフは言い、キャベツの入った木箱の上に両足を乗せて言った。「授業はここでやればいいんじゃないの？」

酷暑のパン焼きレッスン

シャノンとシェリルがいちばん乗りで、シェリルは赤ちゃんのリアムを置いてきたようだった。「自由の身よ！」と彼女は言った。「コンロに近づいても大丈夫。もちろん外はクソ暑くて何も作りたくなんてないけど」

私が何も言わなくても、その後現れたメンバーは各自エプロンを身に着けて、紙オムツを引っつかんで、手洗いに直行した。そして作業台に自分の場所を確保した。野菜を刻むのだ。キッチンに到着しては仲間に加わる様は、まるでパレードに飛び込み参加する通行人のようだった。「ねえ、野菜はもっとある？」とテリが聞いた。最初はとても苦労していたようだったけれど、ついに彼女もコツをつかんだらしく、ズッキーニをいくつか手早く刻んでいた。「もう刻むものがないわよ」

私はテーブルを拭《ふ》いた。「野菜はもう終わり。約束通り、パスタとソースを作るけれど、実は今日はパンも焼いちゃいます」メンバーの半分ぐらいが、授業の最初に配っていたレシピを印刷した紙でパタパタと扇《あお》いでいた。私がパンと言った瞬間、ほとんど全員が直感的に業務用オーブンの方を見た。彼女たちの頭の中の声が聞こえるようだった。「はぁ？　この暑さでパンとか？　バッカじゃないの」

伝統的なパンの材料はたった4種類だ。小麦粉、塩、イースト菌、そして水である。

私は、スーパーマーケットで買い求めたパンに付いていたプラスチックのカードを取り出し、それに書かれた原材料を大声で読むことで授業を開始した。

精白小麦粉、水、ブドウ糖果糖液糖。含有量2%からそれ以下のもの：小麦グルテン、大豆油、塩、糖蜜《とうみつ》、イースト菌、モノグリセリドとジグリセリド、エトキシ化モノグリセリドとジグリセリド、生地改良剤（ステアロイル乳酸ナトリウム、ヨウ素酸カルシウム、過酸化カルシウム）、ジアセチル酒石酸モノグリセリド、硫酸カルシウム、酢、乾燥酵母（硫酸アンモニウム）、大麦とコーンエキス、第二リン酸カルシウム、リン酸2アンモニウム、プロピオン酸カルシウム（新鮮さを保持するため）

長ったらしい名称に何度も舌がもつれた。読み終わるまでには、汗だくのメンバーの口はあんぐりと開いていた。「これより健康的なパンはありますよ。とにかく表示を読んでみることね。**自由市場では消費者の声は尊重されるのだから。添加物たっぷりのパンの購入をやめれば、それが入っていないパンが売られるようになります。**または、自分で焼くことだってできるよね。中に何を入れるか、自分で決めることができるもの。そのうえ、とっても安いしね」

パン焼きは愛《いと》おしい

ジェフは小麦粉が入った大きなプラスチックのコンテナを作業台に置いた。「さあて、小麦粉のただしい量り方からはじめましょうか。小麦粉の中に計量カップを突っ込まないこと。そのかわりに、計量カップをふたつ持って、片方でもう片方の計量カップに小麦粉を入れていきましょう」私はステンレスの計量カップに小麦粉を入れた。

「カップがいっぱいになったら、ナイフを使ってすり切りましょう」

トリッシュが手を挙げた。「すり切りっていつも聞くんだけど、なぜすり切るの？」

ジェフはキッチンスケールをサイドテーブルから持ってきた。金属のボウルをその上に置いて、目盛りをゼロにセットした。さっきデモンストレーションした方法で小麦粉を計量カップに入れると、ボウルに移した。「完璧《かんぺき》。150グラム」私は小麦粉の箱にそれを戻すと、ボウルを秤《はかり》の上に置き、再び目盛りをゼロにセットした。今回は、小麦粉に直接計量カップを突っ込んで、すり切った。「これは190グラム。小麦粉は押し込むと余分に入ってしまうんです。40グラムもオーバーしてたら、レシピもメチャクチャになってしまうよね。だから、**パンを焼くときは、量よりも重さのほうが正確なんです。プロ用のレシピのほとんどはカップじゃなくて、重さで記載されている理由がそこ**」

ドリが机をバンと叩《たた》いた。「私が失敗する理由は、これだわ」

次にイースト菌が投入された。「イースト菌はどんなものでもかまわない。スーパーでは生イーストも買うことができますよね。たとえばこれみたいに」と、私は生イーストのキューブを見せた。「インスタントの袋入りイーストでもいいし、瓶入りのものでも大丈夫。いっぱい焼くつもりなんだったら、業務用の店舗でブロックを買ってもいいわね。友だちを呼んでこのパンの焼き方を教えて、イーストを分けてもいい」

「イースト菌って生きものだから。丁寧に扱ってあげて」私はそう続けた。お湯の入ったピッチャーに手を伸ばし、計量カップに注ぐと温度計で温度を測った。38度だった。私はお湯の入った計量カップをシェリルに手渡した。「このカップを触ってみて。それから横の人に回していってちょうだい。冷た過ぎたり、熱過ぎたらイースト菌は死んでしまう。体温ぐらいがちょうどいいんです」

私は水、イースト、そして塩を量り、それを大きなボウルに入れ、そこに小麦粉を入れてかき混ぜた。生地は硬く、塊になり、ベタベタして、水分を多く含んでいた。

「さあこれでオシマイ。回していって。においをかいで、触ってみて。どんな生地なのか覚えてね」皆、ボウルの中をのぞき込み、においをかぎ、指で生地をつんつんと押した。全員に回ると、私は透明のプラスチックの容器を取り出した。

あらかじめ、私は同じレシピの生地の塊をふたつ作っておいた。授業で使う材料を購入している間、それは私の車の後部座席に積まれていた。調理師免許で習った、肉の解凍を車のトランクでしてはならないという授業を思い出した。パン生地は、硬い塊から、ふわふわとしたベージュ色のブヨブヨと化し、元のサイズの3倍ほどに膨れ上がっていた。私はそれをボウルに入れて、膨らむ前の生地と比べて見せた。「ハイ、これがブヨブヨです。膨らむとこうなります」メンバーは、とても驚いていた。「じゃ、これを成型していきます」

　小麦粉をはたいた手で、全員が膨らんだ生地をつかんで、小麦粉をたっぷりとふりかけた。わが家のパン職人であるマイクは、授業を録画する手をいったん止めた。

「生地全体を薄く小麦粉で覆《おお》うことが大事だよ」と彼はアドバイスした。「僕の場合、マッシュルームの傘の部分を作るって想像するとうまくいくんだ。生地の表面をならして、伸ばして、巻き込んでいく」マイクと私は作業台を歩いて回って、グレープフルーツほどの大きさの生地を、全員が丸いブールの形にまとめられるように指導した。最初、参加者たちは笑いながらブヨブヨを叩いていたが、そのうち、まるで子どもが泥でパイを作るような楽しみへと変わっていったようだった。ジェフは注意深く、クッキングシートが敷かれたトレイに並べていき、生地がくっつかないように、たっぷりとうもろこし粉を振りかけた。私はドリが生地をシートの上に置き、その横のクッキングシートの上に自分の名前を書き込む様子を見ていた。彼女は生地を見つめ、とても名残惜しそうにしていた。誰も見ていなければ、彼女は生地にキスしたかもしれないと思えるほどだった。私にはその気持ちがわかる。**パンを焼くという行為は、**

愛おしさまでもたらしてくれるのだ。生地は最低でも30分は寝かせて膨らませなくてはならないので、私たちはパスタにとりかかることにした。

パスタはイチかバチか

パスタは生活必需品としての地位を、人々の生活の中で築き上げた。イタリア系移民たちは、ビジネスとして、やわらかく、食べやすいパスタを製造するようになり、20世紀初頭には、外食を楽しむ人たちの誰もが知る食べ物となった。その頃は、パスタはエスニックフードと捉《とら》えられていたのだ。アメリカ合衆国とカナダ国内では、１９７５年から１９９５年の間に、消費量が倍に膨れ上がった。**低炭水化物ダイエットとグルテンフリー食材が流行《はや》るなかでも、乾燥パスタは20億ドル産業だ。**主要な食品会社が興味を持ちはじめてからというもの、様々な味の製品や包装済みのパスタディナーが生み出されてきた。田舎に住むイタリア人のおばあちゃんたちがパスタを製造する姿を思い浮かべるかもしれないが、実際のところ、小売業の舞台は多くの多国籍企業により牛耳られている。**１９９０年代、主力商品であるチョコレートと菓子類のビジネスに集中するため、複数のブランドを売却するまでは、ハーシーズ社が最も大きなパスタ製造ブランドだった。**

スーパーで出会った女性と最も長く話した話題は、彼女がシンプルなソースを作ることができないということだった。パスタはプロジェクト参加メンバー全員の主食で、鶏肉《とりにく》よりもお馴染《なじ》みだった。しかし、すべてのパスタが同じ製法で作られているというわけではない。その日のテイスティングのために、私は伝統的な白いスパゲッティやグルテンフリーのパスタなど幅広い商品を揃えたが、重点を置いたのは全粒粉のパスタで、高価なものとそうでないブランドのものを購入した。白いセモリナのパスタと100パーセント全粒粉のパスタでは、食物繊維の量が倍も違い、プロテインの量は3倍にもなる。

私たちがパン生地を触っている間に、リサは鍋《なべ》6つ分の沸騰《ふっとう》したお湯を用意し、12種類のパスタをすべて同じアルデンテの状態に茹《ゆ》で上げ、記録する準備をしていた。これはシンプルなタスクのように思えるだろうが、6分間茹でる必要がある種類もあれば、14分のものもあった。残りのメンバーがパンにとりかかっている間、リサが鍋をかちゃかちゃとかき混ぜ、水切りボウルにパスタを移し、何十枚もの小さな皿をステンレスのサイドテーブルに載せる音が聞こえていた。

私たちがテイスティングできる態勢になると、リサはいまにも溶けだしそうなぐらい汗だくだった。コンロの後ろの壁には水滴が垂れていた。「ヨシッ！」と彼女は言い、大きく息を吐き出した。「準備はいい？」メンバーが皿の周りに集まると、リサはウォークインタイプの大型冷蔵庫の中に消えていき、ドアをバタンと閉めた。ジェフはすでにワインボトルとともに中にいた。

全員でむしゃむしゃと食べた。結果は興味深いものだった。スーパーの自社ブランド全粒粉パスタもお気に入りの中に入っていた。「これ、とても美味しいナッツの風味があるね」とテリは言った。最も評価が低かったのは、マイクが「泥パスタだ」と言って嫌ったので、わが家の棚に置き去りにして数カ月は経《た》った、有名ブランドの全粒粉パスタだった。私は以前、そのパスタを嫌うマイクを責めたのだけれど、メンバーの誰ひとりとして好きではなかったのだ。

「だってこれ、本当に泥の味がするもん」とシャノンは大まじめに言った。「なんだろう、これ、ホコリか何か、入ってるんじゃないの。私の子どもだったら絶対に食べないわ」彼女は手にしていた皿をテーブルに置くと、ぐいっと遠ざけた。

マイクはビデオカメラの向こうから顔を出すと、「ほらね？」と私に言い、汚名を晴らしたのだった。

2種類あったホワイトパスタのうちの1種を味見したドナは、なにか魚のような味がしたと言いはじめた。「ツナみたいな感じ……。ええと、間違いかもしれない。私だけなのかも」そこで私たちは袋の裏の表示を読んでみた。オメガ3〔青魚やえごまなどに含まれる脂肪酸〕が添加されていたのだ。魚の味についてはそれで説明ができる。誰もこれには気づかなかったけれど、再び味見したときには明らかだった。

シャノンは熱狂しているように見えた。「このテイスティング、素晴らしいと思う」と彼女は言った。「私もパスタをいくつか買って、子どもと一緒に食べてみる。いろいろな意味で、このテイスティングはとても気に入ったわ。だって、これって私がいつも料理しているものだもんね」

パスタ料理に関しては、イチかバチかの勝負だ。まず、**必ず、たっぷりの水を使うことだ。次に、パスタは茹でた水の風味を吸い込んでしまうのを忘れないこと。パスタに味を加える標準的な方法は、水に塩を加えること。**「パスタを茹でるための水は塩辛くすべき。海水みたいにね」とリサは言った。彼女はちょうど冷蔵庫から出てきたところで、リフレッシュしているように見えた。最後に、**茹で過ぎないこと。**特に、全粒粉のパスタは絶対に茹で過ぎちゃダメ。

「パスタは冷蔵庫の中身を片づけるのに最高の食材です」と私は説明した。「野菜室から野菜を出して、刻んで、ソテーして、蒸して、茹でて、それをボウルに入れたパスタに絡《から》める。オリーブオイルを少し垂らして、パルミジャーノ・レッジャーノ、またはクラシック・トマトソースとかアルフレッド・ソースを混ぜる。ほらね、あっという間にディナーの完成」

15ドルのクリームソースを家庭で

私たちは基本のクリームソースから作りはじめた。一般的なアルフレッド・ソース〔北イタリア発祥のクリームソース。アメリカで好まれている〕を提供するレストランでの勤務経験のあるリサは、小麦粉とフライパンをさっと手に取ると、そのまま説明を続けていった。「よし、準備はいい？　ここが暑いのはわかってるわ。でも、みんながガスコンロに集まって」彼女はきっぱりと言った。「みんな、アルフレッド・ソースのパスタに15ドル払ってるのは理解できてるよね？　レストランがソースを作る方法を見せるわ」そう彼女は言い、6口のガスコンロの上に載っているフライパンに、生クリームを2カップ注ぎ込んだ。

「このアルフレッド・ソースってのは、パスタの茹で汁を加えて、少しだけ煮詰めた

ものです。これほどシンプルなレシピだから、いままで箱入りのものを買っていたことがうそみたいになるわよ」

　パスタを茹でたばかりのガスコンロからはとんでもない熱気が発散されていた。リサはフライパンの中でグツグツ音を立てだしたクリームを指さしてこう言った。「わかる？　グツグツ言いだしたでしょ？　この状態になったら、ティースプーンに半分の量の塩を加える」リサはクリームを混ぜ続けた。大きな透き通るような泡が立ち、ゆっくりと消えていき、そして次の瞬間にトロトロとしたソースになった。**その香りは牛乳のようなものから強めの発酵したような香りにかわり、まるでチーズのようだった。**「このにおい、わかる？　こうなったら、ソースが濃くなるまで煮詰めていく」約1分後、リサはスパチュラを取り出して、フライパンの底からソースをかき混ぜ、線を描くようにした。リサはガス台の近くにあったホルダーからスプーンをつかんでソースの中に入れると、スプーンを持ち上げて見せた。とろけるようになめらかなクリームが、スプーンの裏にたっぷりとくっついて離れなかった。

「ソースが十分濃くなると、スプーンの裏にくっつくし、フライパンの表面にきれいな線を描けるようになります。このときに、パスタの茹で汁を加えるんです」リサはレードルを、まだ熱い茹で汁が残っている鍋に入れてすくい出して、クリームの入ったフライパンに流し込み中火で温めた。再び泡がグッグッと立ちはじめた。「さあここでもう少しだけクリームを足すわよ。そして温め続けて、最後にすり下ろしたチーズ、それからにんにくも少しいるわね、ええとそれからこしょうも少々。ちょっとジェフ、茹で上がったパスタ、持ってきてくれる？」ジェフは、ざるに入った、茹で上がったリングイネを持ってきた。リサは、がしっとトングでそれをつかむと、くるくると巻き込むようにして、パスタをソースに加えた。

「でき上がり。生クリーム、パスタの茹で汁、それからにんにく少々。どう？　簡単でしょ？」リサはパスタをパスタプレートに盛りつけた。「**これはあくまでも基本よ。ここに残り物の鶏肉を加えたり、ハムを加えたり、豆を加えたり、ソテーしたマッシュルーム、蒸しアスパラガス、茹でた海老《えび》、刻んだバジル……とにかくなんだっていい**のよ、冷蔵庫を開けて、さあ、何をパスタに入れようかって考えるときは、レストランで食べるメニューを思い出せばいいの。マカロニチーズが作りたいんだったら、生クリームが煮詰まったあとにすり下ろしたチーズとマカロニを加えちゃえば、それででき上がりなんだから」

　リサは作業台にアルフレッド・ソースが絡まった温かいパスタを持ってきた。ジェフが小さな皿に取り分けて、全員に手渡した。比較するために、私はジェフに頼んでインスタントのフェットチーネのアルフレッド・ソースを用意してもらっていた。作ったばかりのアルフレッド・ソースは、美しいベルベットのような白いソースで、温かなクリームの中にほのかなにんにくの香りがしていた。インスタントのクリームは薄くて、人工的な艶《つや》がついて、チーズの強い香りがしていた。

　私自身も両方を味見してみた。クリームソースは上品で、まったりとした舌触りがして、こしょうとにんにくの風味がほんのりと効いていた。比較すると、インスタントのソースには甘ったるいチーズの味が過剰に加えられていて、口に入れた瞬間にチーズの風味は消え失《う》せて、塩辛い後味が残る。明らかなニセ物で、**まるでイタリア製の高級レザーバッグに立ち向かおうとしている、安物の財布のようなものだった。**

「え！　ちょっと！　パンを見て!!」パンの載ったトレイが作業台に置かれると、ドリは言った。30分が経過して、寝かされていたパン生地は膨らんでやわらかくなっていた。マイクは万能包丁をつかむと、パン生地に3本の切れ目を斜めに入れた。私は

「こうやってパン生地に切れ目を入れることで、焼いている最中にわずかながら蒸気が逃げやすくなって、それが美味しいパンのサクサク感を出して、そのうえきれいに焼き上がるんです。やりたい人はやってみて」

包丁を片手に、女性陣は自分のパン生地に立ち向かい、ぶつぶつとささやきはじめた。「ちょっと、めちゃくちゃやわらかい！」「見てよ、パンみたいに見えるじゃん」ほぼ全員が注意深く切り込みを入れるなか、サブラは星印を切り込んだ。ジェフは全員をオーブンから遠ざけると、ドアを開けた。そこから出ている熱気は、まるで強烈なパンチのようだった。私はオーブンシートに載せたパンをふたつ、オーブンに滑り込ませた。あらかじめオーブンの下段に入れておいた小さめの鍋に水を注ぎ込んだ。それが激しい蒸気を出しはじめると、急いでドアを閉めた。強い熱気に晒《さら》されるパン生地を、蒸気が落ち着かせてくれるのだ。

トマトソースだって超簡単

パンが焼かれている間に私たちは、基本のトマトソースの調理にとりかかった。**瓶詰めや缶入りのスパゲッティーソースの多くには、大量のナトリウムと砂糖が添加されている。この事実と、トマトソースは、香り、風味、トマトを加えるだけであることを考慮すると、自宅で作ったほうが安上がりな場合が多い。**

「デモンストレーションしたい人？」

ジェンが手を挙げた。彼女はスキップしながらテーブルの周りを移動して、スプーンを手に取った。「オーケー、ジェン。フライパンでオリーブオイルを温めてくれる？　にんにく、玉ねぎ、それからハーブを入れて、玉ねぎがやわらかくなるまで炒《いた》めてね」彼女が炒めている間に私は刻んだトマトの缶詰を開けた。野菜に火が通ると、ジェンはそれをフライパンに入れ、そして刻んだ赤唐辛子を少々と塩を加え、そこに水、そしてベイリーフを加えていった。ジェンはそれを沸騰させると、火を弱くした。

「さあ、ジェンに大きな拍手を！　それからジェンのソースにも！」と私は言った。

メンバー全員が拍手した。ジェンはおじぎをして応《こた》えた。

　ソースが軽く泡立ちはじめると、私たちは他のガス台に移動して、新鮮なトマトソースであるポモドーロの調理をはじめた。私は時計を外してシェリルに時間を計ってくれるように頼んだ。ソースの調理はオリーブオイルを温めるところからはじまり、次に刻んだにんにくを入れ、チェリートマトのスライス、そしてパスタの茹で汁が加えられた。それをしばらく煮込み、次に、手にふたつかみほどの茹でたリングイネを、刻んだバジルひとつまみと一緒にソースに加えた。調理のはじまりから終わりまで、5分以下の作業時間だった。調理が終了するときまでに、ソースもでき上がっていた。

私は、刻んだ野菜が入ったボウル、生クリーム、チーズ各種、チェリートマト、生バジル、コリアンダー、パセリ、それからレモンが真ん中に置かれた作業台にみんなを手招きした。授業の最初に準備しておいたのだ。「さあ、あなたたちの番よ」リサが茹で上がったスパゲッティ、ペンネ、そしてマカロニが入ったボウルを運んできた。全員がさっと行動しはじめた。フライパンを握り、テーブルの上にある簡易ガス台や、6口ガスコンロの空きを見つけると、作業を開始した。

私はメンバーの選んだ食材を観察した。全員が全く違うものを選んでいたのだ。テリはポモドーロを忠実に再現しようとしていた。サブラはクリーム風味のマカロニチーズを作った。ジョディはすべての野菜を素早くソテーして、ペンネ、刻んだバジル、そしてオリーブオイルを加えると、パルミジャーノ・レッジャーノを美しくすり下ろした。とても優雅で、まるで練習を積み重ねたような動きで、彼女はでき上がったものをパスタボウルに盛りつけた。そして一歩下がって自分の調理したものを見つめて、褒め称《たた》えた。「ああ、これを見て」彼女は独り言を言った。そしてシャノンの方を振り返り、「ねえ、これ私が作ったって信じられる？　だってきれい過ぎるでしょ」。

ドナの電話

チーン！　深い茶色に焼き上がったパンをオーブンから出した。パンはしばらく休ませて冷ますことが大事だけれど、その焼き上がったにおいは、いますぐに切って食べろと言わんばかりだった。紙オムツを手にしたマイクが熱いパンを半分にちぎると、蒸気が立った。「僕はね、パンはちぎって食べたい派」とマイクは言った。「スライスするのと全然違うんだよ」キッチンは、すぐに静かになった。全員が、ちぎったパンをハーブとにんにく入りのオリーブオイルに浸していた。近くのカウンターの上に置かれた焼きたてのパンが、冷めながらパリパリと音を立てていた。「私、これ、焼いたんだ。本当に焼いたんだ」ジョディは言った。「息子だって絶対にこれは食べるわ」

　ジェフは白ワインを持ってくると、小さなグラスに注いでいった。全員が各自のパスタソースと、ポモドーロ、そしてスパゲッティソースを味見していった。部屋の中は「う〜ん」「美味しいわあ」「めちゃウマ〜」という声で満たされた。

「全部美味しい。というか、すっごく美味しい！」とドリは言った。「なんだかびっくりしちゃうね。本当に。**これだけの種類のパスタが少しの食材ででき上がっちゃう**んだもん」

　メンバー全員がパスタと温かいパンを家に持ち帰るために包んだ。エプロンの下で汗だくになりながら、私はみんなが素晴らしい夜を過ごして欲しいと祈っていた。

クラスが終わり、キッチンの外に出ると、マイクが私の手を取り、一緒に道路を渡ってくれた。私たちは、夜の涼しい風が吹く、歩道の縁石に腰を下ろした。月曜の夜遅く、いつもはざわついている大通りも静かだった。おぼろげな月が、夜の空を照らしていた。私は彼の肩に寄りかかった。

そのときだ。聞き慣れた声が聞こえてきた。

「パンを焼いたんだって。そうよ、私が。本当だって、焼いたんだってば」

ドナだった。肩と耳の間にケータイを挟み、パスタとパンが入った箱を抱えながら話していたのだ。「パスタもあるよ」しばし沈黙。

「だーかーらぁ、あたしが作ったんだって。そうよ、あ・た・し。何驚いてんの！」

彼女は車に乗り込むと、夜の街に消えていった。

キッチン初訪問⑤アンドラ 不況で一転、極貧に陥った女準弁護士

実家は裕福

「ごめんね、すごく暑いわよ！」階段を上って自分のアパートの部屋まで私たちを案内しながら、彼女は何度もそう言った。気温は限りなく30度に近く、6月初旬としては季節外れの暑さだった。「エアコンがないの。暑過ぎてブラも着けられないわ」

43歳の準弁護士アンドラの人生は、波瀾万丈《はらんばんじょう》だ。裕福な家庭に育ったにもかかわらず、いまは彼女自身が「ちょっとスラムっぽい」と呼ぶ、空港近くの政府の補助金で建てられた低層アパートに暮らしていた。2008年の経済破綻《はたん》のはじまりに、働いていた法律事務所は大幅なコスト削減の一環として、時給と勤務時間を減らした。**稼げる週には税抜きで180ドルを持ち帰ることができたが、過去4カ月は、人生で初めてフードスタンプ〔食料費補助券〕を使ったそうで、このことは同僚や近くの高級住宅街に住む両親には秘密にしていた。**「実家には専属シェフがいるのよ」と、嫉妬《しっと》のにじん

だ、残念そうな声で彼女は言った。

小さいアパートの部屋は大型の家具でいっぱいだった。興味深い雑貨のコレクションが、より広い場所から彼女がこの場所に引っ越したこと、そしてすべての装飾品が同じ場所から持ち込まれたものではないことを物語っていた。

アンドラは食材があまりないことを詫《わ》びていた。「月末だし、フードスタンプが来月の第1週まで使えなくて」その前の週、彼女はフードバンクを訪れ、冷凍の骨なし鶏もも肉をもらっていた。「これ、どうやって料理したらいいのかわからなくて」と彼女は言い、カチコチに凍った袋をパンチした。

食材がないキッチン

彼女は食品棚にほとんど何も入れていなかった。棚に、缶がたったふたつだ。オレンジ色の「ダメージあり！　50%オフ！」というシールが貼《は》ってあった。

クッキーシートの上に凍ったピザをのせながら、**お金をかけなくてもちゃんと食べることができるとは思うけれど、その方法がわからない**と彼女は言った。「以前はお金があったから、食事のことは考えなくてもよかった。でも状況は変わってしまった。選択肢が限られちゃったわね」

「前はお金があったけれど、時間がなかった。いまは時間はあるけれど、お金はない。**私みたいに家計が火の車だと、結局宅配ピザみたいなものを食べるハメになるのよ。**体に悪いものは安くて簡単。というか、簡単に思えるよね、私みたいに料理下手だと」

標準的なフードスタンプの受給者が、1食につき約1ドルの補助を受けていることを知る人は少ない。週ではざっと27ドルの計算だ。アンドラの現状分析はとても正確で私はショックを受けた。**料理の仕方を知っていることは、食材の選択肢を広げることになるのだ。**ピザの宅配料金（最低でも10ドル）を使えば、鶏1羽を使ったローストチキンとマッシュポテト、そして付け合わせに野菜を添えることができる。

アンドラの生活が崩壊したスピードは、ショッキングなものだった。**彼女は経済的な嵐《あらし》を乗り越え、そして新たな希望を見出《みいだ》す方法を模索していたのだ。**

第７章　ナポレオンを勝たせた卵

レッスンのハイライト☞サラダとオムレツは残り物の救世主、そしてビネグレットソースの奇跡。

ビネグレットのトロフィー

プロジェクトをはじめる前の年の秋、私はディナー料理のクラスを担当し、その収益を寄付することにしていた。

リサと私はボロボロのシェフ用ジャケットと調理道具を仕込んで会場に到着した。エレガントな金髪をボブにした女性が、白ワインのスプリッツァを片手にドアを開けてくれた。「あら、いらっしゃいませ！　楽しみにしておりましたの」

カクテルをひと通り作ったところで、冷蔵庫を開けて残りのシャンパンを中に入れた。３ダースほどのビネグレットソースの瓶が、まるでハリケーンのときのドアチャイムのようにチリンチリンと音を立てた。「ドレッシングがたっぷり入っているのね」と私は女主人に話しかけた。「なぜ自分で作らないの？」

「だってどうやっていいかわからなくて」と彼女は応え、真珠のイヤリングを指で触った。

「瓶ってあります？」私は聞いた。

　私たちは食品棚をくまなく捜索して、入れっぱなしだったと思われる数々のオイルと酢を見つけ出した。ほとんどすべての形、サイズ、そして味の瓶をキッチンアイランドに並べていった。「さて、皆さん。集まってくれますか？」と私は言った。私が即席の、オイルと酢の味見のセッションについて説明すると、ゲストたちは半信半疑の視線を交わしはじめた。

「そのまま食べることができるものなの？」と女性が聞いた。「もちろんですよ」私は言った。「一つひとつの味を知ることで、合わせたらどのような味になるのか理解できるんです」

　私たちは数種のオイルからスタートした。オリーブ、キャノーラ、ベニバナ、それからごま油、そして少し年月の経過したくるみ油だ。酸化したオリーブオイルは脇《わき》に置いておいた。「酸化したオイルが体に悪いというわけではありませんけど、とてもまずいですし、舌を刺すような味がしますよね。酸化したオイルで調理すると、何もかもダメになります」私たちは次に酢のテイスティングをはじめた。種類はリンゴ酢から白ワインビネガー、そして赤ワインビネガーからバルサミコまでの幅を持たせた。

ここでリサがビネグレットドレッシングはシンプルな配合なのだと説明した。「配合はだいたい、3対1なんです」と彼女は言った。「3が油。オリーブオイルだったり、ごま油だったり。1が酸になります。たとえば酢とか柑橘類《かんきつるい》の果汁ですね」女主人と私がテーブルスプーンでオリーブオイルを量り、空の瓶に入れ、そこにバルサミコ酢も加えた。そして塩こしょうをして、瓶を女主人に渡して、しっかりと振るように頼んだ。

「それで、次は？」彼女は楽しそうに言った。

「おめでとうございます。あなたはビネグレットドレッシングを作ったんですよ」と私は言った。彼女は自慢げに瓶を頭の上に掲げて見せた。まるでウィンブルドンでトロフィーを取ったかのようだった。招待客が歓声を上げた。

高すぎるビネグレット

ビネグレットは、食料品店で購入できる量り売り商品の中でも、高価なもののひとつだ。４８０ミリリットル入りボトルで3ドル60セントから、高いものでは7ドルもする。一般的には30ミリリットルで32セントという値段だ。最も簡単で、最も安く家庭で作ることができるにもかかわらず、この値段は、3・8リットルで40ドル以上ということになる。

私の話を披露した後、全員で基本的なビネグレットのレシピをコピーした紙を回して読んだ。

リサと私はメンバーを誘導して、キッチンの中をくまなく探して、オイル、酢、醤《しょう》油《ゆ》、ジャム、チャツネ、イチジクのペースト、チーズ、にんにく、乾燥ココナツ、生《しょう》姜《が》の根、スパイス、赤ワイン、レモン、ライム、オリーブ、そして鶏肉のレッスンのときに使ったディジョンマスタードの残りをかき集めてきた。メンバーにはふたり組になってもらった。「外食したときのメニューを思い出せるのだったら、その味のことをよく考えてみて。鶏肉のクラスでやったように、どの味がイタリアンなんだろうって考えて、名前を挙げていってもらえるかな」私たちはテーブルを回っていった。パルメザンチーズ、オレガノ、赤ワイン、トマト、バジル。

「それじゃあ、タイ料理は?」バジル、ココナツ、カレー、ライム、そしてチリ。

「私はいつもストロベリーバルサミコを買うけど、どうやったら手作りできるの?」とシャノンが聞いた。

「夏場に新鮮なイチゴを潰《つぶ》して入れればいいのよ。夏以外だったらストロベリージャムを少し使えばいい」と私は言い、この答えはメンバーから「なるほど〜」という学びの声を引き出した。

　グループになったメンバーはテイスティングと話し合いに取りかかった。がやがやと話しつつ素早く動き、立ち止まってはテイスティングをくり返した。ジョディとドリはごま油、すり下ろした生姜、醤油、そしてライムを使ってアジアバージョンのビネグレットドレッシングを作った。他のチームはバルサミコとイチジクのペースト、ブルーチーズを合わせた。サブラとジェンはクラシックマスタードと白ワインのビネグレットに新鮮なライムをしぼった。

　ここで私たちは全員に作業を中断するよう声をかけた。「ちょっといい？　はい、動かない！」リサが命令を出した。リサと私は袋入りのミックスサラダを購入していた。それをテーブルに並べた。「いろいろな種類のサラダを選んであなたが作ったビネグレットで食べてみて。あなたが作った味が、レタスとどんな感じで合っているか食べてみて欲しい。なぜなら、同じ緑の野菜でも全部違う味だから」とリサは説明した。**「正解や不正解はない。あなたにとって美味しいものが、美味しいんだから」**

全員が作業を中断し、丁寧にエンダイブ、サラダ菜、ロメインレタス、ルッコラ、キクヂシャから選んでいった。全員がおしゃべりをしながら、ブツブツつぶやきだした。「これ、ちょっと苦い」「これと生姜は合わない」「あ、これってルッコラとの相性は最高だけどサニーレタスとは全然ダメだな」

そして各ペアがテーブルの周りを回って、他のチームのドレッシングを様々な野菜でテイスティングしていった。**メンバーが作ったビネグレットはどれも美味だったけれど、中でもイチジクとブルーチーズは大成功だった。私は心の中で、アタシも作らなくちゃと考えていた。**

オムレツに敬意を！

サラダとビネグレットのレッスンは大成功で、メンバー全員が楽しみ、次のタスクに移るのが大変なほどだった。でも先を急がなくちゃいけない。次は卵だ。

「オムレツはもっと尊敬されていい」とジェイミー・オリバーは言う。彼は本当に正しいと私は思う。**オムレツは安くて、簡単で、満足できて、残り物を上手に使うことができる。**それに、卵は朝ご飯用なんて誰が決めたっけ？　著名なフードライターのエリザベス・デービッドは、夕食にオムレツを食べ、グラス1杯のワインを飲むことの美学について1冊の本を書いたほどだ。

ル・コルドン・ブルーで私が学んだシェフのひとりはかつて、「オムレツの作り方を知っていたら、お腹《なか》が空《す》くことはない」と言った。彼は中間試験のための授業で、ナポレオン・ボナパルトの伝説的な話を教えてくれた。彼の軍隊がフランス南部を進軍し、ベシエールという町でひと晩過ごしたときのことだ。ナポレオンが滞在していた宿場の主人がナポレオンにオムレツを作って出した。ナポレオンはそれより以前に一度もオムレツを食べたことがなく、とても美味しくて、翌日、町の住人全員に卵を集めるように命令し、彼の軍人たちのために巨大なオムレツを作るように命じたのだそうだ。彼らはもちろん戦いに勝った。もし彼らが戦いに勝利していなかったら、いまごろ誰もオムレツを作っていなかっただろう。

私は持ち手の付いていない18センチのスキレットをカセットコンロの上に置き、バターの塊を落とした。スキレットが温まると、卵を2個ボウルに割り入れて、塩こしょうを加え、タイムを少々加えてかき混ぜた。温められたスキレットに流し込むと、卵はジュウジュウと音を立てた。火を弱めると、スキレットを傾けながら卵が均等に広がるようにした。火が全体に通ると、私は少量のチーズを加えてスパチュラの先を使って卵を半分に畳んで皿に盛りつけた。さあ、これででき上がり。

いつまでも変わらぬもの

メンバー全員でオムレツを焼いた。初めてオムレツを焼く人を観察するほど面白いものはない。**上手な人もいれば下手な人もいる。でも、オムレツをひっくり返して皿に盛りつけることに成功したメンバー全員が、自分の成し遂げた偉業に満面の笑みを見せてくれた。**アンドラはアハハと笑い転げた。「簡単じゃない！　なんでいままで上手にできなかったかなぁ。オムレツを作りはじめて、でき上がるのはスクランブルエッグだったんだから」

「あらよくわかったわね。今日のレッスンの最後はスクランブルエッグよ」と私は答えた。

美味《おい》しいスクランブルエッグを作る秘訣《ひけつ》は、最初にフライパンを熱しないことだ。バターと溶き卵をフライパンに入れてから、火をつけるのだ。そして、中火にしてかき混ぜ続ける。作業時間は長いが、高温のフライパンで作るよりもトロトロでふんわりとしたスクランブルエッグができ上がる。リサは生クリームをホイップして、カイエンペッパーを少し入れ、それをスクランブルエッグの上にかけた。これは有名なシェフ、ジャン＝ジョルジュ・ヴォンゲリヒテンのレシピのバリエーションだ。「すごく美味しい。山ほど食べられる」とアンドラが言った。

私はいままで教えたレシピがすべてシンプル過ぎたのではないかと心配していた。**でもある日、私は改めて思い出したのだ。いつまでも変わらずに美味しいものは、必ずあるのだということを。**たとえば、普通のオムレツであったり、シンプルなドレッシングのサラダだったり、1杯のワインだ。後日、ジェンが私に教えてくれた。クラスが終わってほどなくしたある晩のこと、夕食の献立を全く考えていなかったことに彼女は気づいたそうだ。「でも私、思い出したんだ。卵があったってことを。だからオムレツを作った。残り物のアスパラガスを刻んで、オムレツに入れてみたの。ルームメイトがびっくりしちゃって、『ちょっとマジ？　あんたがオムレツを簡単に作っちゃうなんて』って言っていたわ。だから、彼女にも作り方を教えてあげたのよ」

キャスリーンのレシピ②　基本のオムレツ

材料（2人前）

・卵2個から3個
・塩と挽《ひ》きたての黒こしょう　適宜
・乾燥タイムか、ミックスハーブ　適宜（なくてもよい）
・牛乳か、水　少々（なくてもよい）
・チーズ、ハム、野菜など、冷蔵庫にあるもの

手順

①　小さなボウルで卵を混ぜ合わせる。
②　塩をひとつまみ、こしょうを少々、乾燥ハーブなどを加える。少し牛乳を加えるとふわふわなオムレツに仕上がる。フォークを使ってよくかき混ぜ、泡立てる。長くかき混ぜるほど、ふわふわなオムレツになる。

③　コーティングされたフライパンを中火で温める。そこにオリーブオイル、または
バターを入れる。
④　卵液を加える。フライパンを回して卵を広げる。卵全体に火が通るまで熱したら、
スパチュラを使って卵をかえして、弱火にする。チーズや野菜といった具材を加えて、
弱火でじっくりと焼くが、焼きすぎないことがポイント。

キッチン初訪問⑥トリッシュ
料理になると不安定な精神科女医

高級住宅地の銀食器

トリッシュは61歳の精神科医で、高級住宅地であるマディソン・パーク近くの上品なマンションに住んでいた。彼女は私とマイクが小型のビデオカメラを片手に現れ、その内容を記録することにビクビクしていた。

「私、絶対に間違えてしまうから」と彼女は言い、その声には挫折感《ざせつかん》がにじんで、両手は握りしめられていた。遺産として受け継ぎ、長年の丁寧な手入れによって美しい艶をたたえたアンティーク家具が置かれた彼女の住まい——とても美しくて快適なアパートの内部を彼女が私たちに紹介しやすい雰囲気を作ろうとして、マイクは必死だった。

トリッシュは**キッチンに自分の居場所を見つけたい**のだと言った。「リラックスしたいんです。料理上手な友だちに、私だってちゃんとしたディナーを作ってあげることができるって言える気持ちになりたいんです」と彼女は言い、再び両手を握りしめた。「私、料理が好きになりたい！」

トリッシュは「とても平均的な1950年代の田舎の家族」と彼女自身が説明した家族の一員として、ワシントンD・C郊外で育った。家族の人生に、祖母が重要な役割を担《にな》っていたという。トリッシュの家では、銀食器と磁器でセットされたディナーが6時きっかりに振る舞われた。

祖母が料理上手だったにもかかわらず、トリッシュの母は料理にあまり興味がなく、簡単に作ることができる料理が好きだった。肉にはポテトと、缶詰めか冷凍の焦《こ》げた野菜が添えられていた。トリッシュの母の得意料理はフライドチキンだったそうだ。

トリッシュの棚と冷蔵庫には、パンを焼くための材料、缶入りの豆、トマト、ツナ、サーモン、鶏肉、箱入りのオーガニックスープ、瓶詰めのパスタソース、サルサ、ピクルス、ジャム、ドレッシング、アーティチョーク、オイル、酢、ドライパスタ、スパイス、そしてハーブがぎっしり詰まっていた。「夕食には、いつもは缶や箱やビンを開けて作ったものを食べますね」と彼女は言った。とはいえ、冷蔵庫の中に入っていたのは、ほとんどがまともな食品だった。

「料理ができないことはないと思う。でも、でき上がったものに満足できない。ちゃんと切ったり刻んだりする方法を習ったことがありません。新しいレシピに挑戦するたびに結果は散々ですよ。**美味しくでき上がらないうえに調理に30分以上もかかるなんて、楽しいわけないですよね**」

レシピに従ってもまずい

　レシピについて尋ねると、トリッシュはきちんと整理された書棚の中から、白いバインダーを1冊取り出して見せてくれた。レシピをきっちりと整理し、分類し、保存していたのだ。見事な整理の仕方だったので、私は驚いてしまった。

「ああ、これこれ。すごく味が薄かった。それからこっちのレシピは、私が何か間違えてしまったのか、鶏が硬かった」

　彼女が雑誌から切り抜いたレシピを書いたライターの何人かは私の友だちだった。後日このことについて聞いてみた。「あ、その人が言っていたレシピ、わかるわ」彼女はため息をつきながら言った。「リストに6つしか材料を書くことができなかったから、私のオリジナルのレシピから4つも材料を減らして書いたってわけ。レシピを元に作った料理が味気ないからって自分を責めるなんて、気の毒よね。現実は、**レシ**

ピを短くしろってプレッシャーが強過ぎるから、フードライターが手順や材料を減らして、あたかもシンプルなレシピって印象づけようとしてるだけ」

トリッシュは昼食にラタトゥーユを作ってくれた。切れ味の鈍い果物ナイフでナスを切っていた。

私は持っていたノートに「包丁の使い方」とメモした。彼女も彼女の夫も、ファストフードや赤身の肉、豚肉は健康上の理由から口にしないという。ふたりが買い物をするのは、主にナチュラルフードやオーガニックフードを扱う店だ。「食べ物にはある程度自由にお金を使うことができますけど、だからって浪費していいわけじゃないです。リタイアする年齢に近づいていますし、資産が減ってきているのはどこでも同じですから」

彼女はたくさんのボトル入りドレッシングを買って冷蔵庫に入れていた。私はノートに「フレンチドレッシングの作り方を教えること」と書いた。

塩分恐怖症

一緒に昼食を食べたときも、彼女はとても頑張ってくれた。高価なアンティークの皿でテーブルをセットし、刺繍《ししゅう》入りの白いナプキン、本物の銀のカトラリーを用意してくれたのだ。彼女のラタトゥーユは美味しかったけれど、少し塩が足りなかった。**トリッシュが塩分を必要以上に恐れていることが見て取れた。**

　これらのすべてが私にとっては興味深かった。**知的で整理《せいり》整頓《せいとん》ができ、料理の基礎を理解している彼女の作るものが、なぜこうも不安定なのか。**私が何か聞くと、彼女は決まって「わからない。これって正しい？」と答える。彼女自身が精神分析医で、人生について思慮に富んだ解釈ができるプロフェッショナルな人だというのに、料理について大きな感情的な荷物を背負い込んでいる様子を見て、私は「わかったわ、トリッシュさん。それであなたの気持ちはどうなの？」と聞きたい衝動と必死に戦わなければならなかった。

第8章　戸惑いの肉

レッスンのハイライト☞肉を学ぶには、おのれの肉を知るべし。

肉への覚悟

鶏肉《とりにく》よりもずっと、牛肉には精神的な重荷がついてくる。鶏でさえ、あまり攻撃的ではない白い鶏むね肉の塊を購入する人がほとんどだ。どこにでもあるものだから、〝肉〟として議論にもならないほど、ありふれている。この状況は、映画『マイ・ビッグ・ファット・ウェディング』のとあるシーン、花婿《はなむこ》がベジタリアンと知った花嫁の叔母が、それが問題になっていると気づかないというシチュエーションに似ている。叔母は呆然《ぼうぜん》としてくり返すのだ、「あの人、肉を食べないの？　どういう意味よ、肉を食べないって？　あ、いいわ、了解、マトンにすればいいんでしょ」と。

私がキッチンを訪問したとき、メンバーの多くが、地元のスーパーの精肉コーナーに行くと混乱してしまうと話していた。**カットされた肉の種類を見て、どのようなタイプの料理に活用できるか、どうやったらわかるの？**　と悩むのだ。「肉のパックを見ると、わけがわからなくなる」とシャノンは言った。「Tボーンは美味しいステーキだってわかるんだけど、**何をオーブンで焼いて、何を直火《じかび》で焼くのかがわからない。**それから、チャック肉って意味がわからないんですけど」シェリルの場合は地元のコープで買い物をしていた。食品表示が彼女にとっては混乱の原因だった。上？　極上？　ナチュラルビーフ？　放牧〔放牧で牧草のみで育てられた牛〕？　グラスフェッド？　意味が全然わからなかったのだ。

　よい質問ばかり出た。実は私自身も答えがわからないものが多かったのだ。特に肉類の等級については理解できていなかった。疑いようもなく、牛肉市場はビッグビジネスである。**アメリカ合衆国は２００８年に、約１２２４万トンの牛肉を生産し、それは３３００万頭の牛が食肉として処分されたことになる。平均的アメリカ人の年間牛肉消費量はひとり当たり約25キロだ。それは、アメリカ国内のすべての男性、女性、そして子どもが1年間毎日、マクドナルドのクオーター・パウンダーを食べる量に匹敵する。**

　私はレッスンに、ちょっとした変化をもたらしたかった。たぶん、もうひとり、ゲストの先生が必要だ。自宅近くにある、美しくて居心地のよい料理を提供する小さなレストラン、「クレイヴ」の前オーナーシェフ、ロビン・レヴェンタールと、知り合いになったところだった。過去数年の間にロビンは、2カ所に発生したリンパ腫《しゅ》との戦いに勝ってはいたのだけれど、店舗オーナーとの契約延長の話し合いが決裂し、有名なレストランを手放すことになってしまったのだ。

「大きなショックだったし、同時に解放された気分でもあったかな」と、彼女は思い出しながら言った。「今度こそ、24時間電話に縛られる生活に別れを告げることができたから」レストラン経営のプレッシャーから解放された彼女は、思いつきで、料理番組『トップ・シェフ』のオーディションを受け、数千人の応募者のなかから勝ち残り、第6シーズンの出演シェフの座を手に入れた。お祝いのカクテルを何杯か飲んだ後、私たちは彼女のいままでの人生について語り合った。彼女はもともとアートの世界で生きていた。陶磁器専攻で修士号を得たそうだ。「でも、稼げないアーティストにはなりたくなかった」と彼女は言った。その代わり、彼女は人々に食べさせる仕事に就いたのだ。食べ物の世界で、彼女はクリエイティブな表現手段を見つけ出すことで稼ぎ、同時にアートと関わることと同じ、精神的満足も得ていた。**「私にとって、誰かに料理を出すことは、とても原始的だし母性愛でもある。世界中で最も満足でき**

る経験だということは間違いないですね」

1週間後、彼女の言ったことを思い出して私は彼女に電話をして、クラスの授業を担当して欲しいと頼んだ。ここ数年間で私が食べた最も美味しかった料理が、クレイヴで食べた牛肉の蒸し煮だ。彼女は了承してくれた。クラスでは、肉の切り方、下処理の仕方、高価でない肉を最大限に利用する方法を集中的に学ぶことになる。でもそれ以上に、**料理をすることで誰かに栄養価の高い食べ物を与えることについて、ロビン自身が感じている気持ちや情熱が、肩ロースの使い方と同じぐらい、参加者たちに伝わるといいなと願った**のだ。

トップ・シェフ登場

クラス当日、リサと私は地元のスーパーに出向いて22パックの牛肉、羊肉、豚肉を買い求めた。特に、『店長のおすすめ』という、値段が下がった肉が売られているコーナーから選んできたものばかりだ。あばら肉、外もも肉、トライチップ、オックステール、ロンドンブロイル、Tボーン、牛すね肉、羊すね肉、ラムステーキ、豚肩ロース、そしてチャック・デンバー・ステーキなるものも購入した。私たちは約20キロの肉を担《かつ》いでキッチンに到着した。1カ所にこんなにたくさんの量の肉を見るというのは、感動的でもあるし、嫌な気持ちにもなった。メンバー全員が到着し、全員がテーブルに歩み寄り、啞《あ》然《ぜん》として立ち止まった。「**うわ、これは、すごい量の肉だわ**」とシェリルが、メンバー全員の意見をとりまとめたようにコメントした。

ロビンはとても物静かだけれど、大らかな人だった。そして彼女自体に、存在感があった。がっちりとした顎《あご》、日焼けした肌に黒い瞳《ひとみ》。半袖《はんそで》の黒いシャツが上腕の筋肉を強調していた。彼女に会うたびに、彼女には絶対に逆らわないこと、ピラティスのレッスンを受けることを心のノートに記した。だって正直言って、彼女だったら汗もかかずに私を青白い死体にすることができるからだ。私が彼女をメンバー全員に紹介する間、彼女は私の後ろに控えめに立っていた。「2日後になりますけど、彼女が『トップ・シェフ』に出演した、初めてのエピソードが放送になります。でも今夜は、私たちにとっても大切なことを教えてくれます。ズバリ、肉です」

メンバー全員が感激していた。え、テレビに出るんだって！　メンバーには、点線で描かれた牛と豚の部位表を手渡して、様々な切り方をはっきり理解できるようにした。紙に印刷したものだというのに、トリッシュはそれでもひるんでいた。ロビンが話をはじめ、みんなが手を洗いはじめたとき、乾燥食品と食器がうずたかく積まれたふたつのメタルラックの間に、トリッシュが私をひっぱっていった。「ええとね、ちょっとおかしいことかもしれないんだけど……」と彼女は言い、両手を握りしめていた。私たちが彼女のキッチンを訪れたときにしていたしぐさと同じだった。彼女は作業台に積み上げられた赤身肉を振り返り、そしてやっとのことでこう言った。「**私たち、あまり肉を食べないの。だから、最後までクラスに残ることができないかも**」彼女の不安は明らかだった。私は理解して、私自身が菜食主義にチャレンジしたことがあると話した。

アタシを見て！　牛って思って！

私たちは肉の部位について、基本的なレッスンからはじめた。7月の熱気がキッチンに流れ込んできていた。説明がはじまって2分後には、全員が肉の部位表でぱたぱたと扇《あお》ぎだすほどの暑さだった。メンバーの視線はロビンに注がれ、そして私はチャック肉とサーロインについて説明をはじめた。私はマギーとリサにちらりと視線を送った。メンバーが興味を失ったことを、私たち全員がそのときすでに感じ取っていた。するとリサはいきなりこう切り出した。

「ちょっとみんな！　アタシを見て！　牛って思って！」彼女は怒鳴るように言った。メンバーは視線を交わしてクスクス笑いだした。必死のカムバックだ。リサは陽気に手を振っていた。「これ、ジョークじゃないんだからね！」リサは言った。「さあいいかしら、私の肩、わかる？　ここってすごく動くところでしょ。**自分の肩と腕を触ってみて。筋肉がたくさんあるのがわかるかな。ここはタフな肉なのよ。それがチャック肉ってわけ**」リサは言った。クラス全体にいきなりスイッチが入った。全員が自分の肩を触りだしたのだ。

　ここでリサがバチンと自分の腿《もも》をひっぱたいた。「はい、ここがすね肉、そして前《まえ》股《また》の内側にある肩バラ肉の一部で、通称ブリスケット。ここは煮込みにぴったりね。鶏もも肉と手羽先のクラスのこと覚えてるでしょ。あれと同じように煮込むのよ。またもう一度教えるわ」参加者たちはリサから視線を離さずに、自分の腿の上の方を触っていた。「**あばら骨の近くの肉はやわらかいものなの。ここはあまり使われない部位**だよね。プライムリブ・ステーキとかリブアイ・ステーキに使われてる」リサは腰に両手を当てた。「あばら骨の裏側は、ショート・ロインとサーロイン。ココがいちばん高級なところよ。テンダーロイン、フィレミニヨン、なんて部分のこと」

メンバー全員が自分の背中やあばら骨をつつき回しているとき、**私は人間の体を使って肉の部位を表現することが、かなり不気味で、同時に効果的だと気づいてはっとした。**

リサは再び自分を牛に見立てると、両手でお尻《しり》をつかんだ。「お尻を触ってみて。丸いでしょ？　ここが内もも肉。ここは背中よりも少し固め、ということはよりいっそうタフってこと」そして彼女は姿勢を正した。「よし、これで終わり。自分が牛になるなんて信じられない」とリサは笑いながら言った。全員が拍手を送り、リサは照れながら、さっとお辞儀した。

部位の名前が複雑化する理由

そして私たちは作業台に山と積まれ、分類された肉に視線を移した。マギーは、リサ、ロビン、そして私が様々なパックを手に取り、どうやって処理するか説明している姿をビデオカメラに収めていた。私たちは、部位ですべてを分けていた。ロビンが話しはじめた。「ステーキとかリブを知っている人は多いと思いますが、今日はあまり知られていない部位について集中的に学ぼうって思っています。**チャックと付いたら、固い肉だから、シチュー、ポットロースト、あるいは煮込みに使うことができる**

んです」

「あとは内もも肉ですよね」とロビンは続けた。「**内ももという言葉が付いたら、調理する前にマリネする**って覚えておいてくださいね。たとえば、ロンドンブロイルは内もも肉からの部位で、通常はまずはマリネしてから、直火で焼きます」

　時折、一度も耳にしたことがない部位に遭遇するときがある。「たとえば、そうね、チャック・デンバー・ステーキなんてどうかな」と、ロビンは私が真空パックされた長方形の牛肉を持ち上げたときに言った。実はこの肉は全米肉牛生産者協会によって、新しい部位として開発されたものだった。全米肉牛生産者協会のお偉いさんたちが、150万ドルと5年の月日を費やして、より小さな部位を市場に出す方法を見つけ出したのだ。**いままではハンバーガーとなるだけの運命であった部位が、そのままの形で、安価な、霜降りの入ったチャック肉ステーキとして売り出されたのだ。**

「ここの部分は、いままではハンバーガー用のひき肉になってました。500グラムで3ドルとか4ドルっていう値段を支払っていたと思います。そしていま、この肉がステーキと呼ばれるようになってどうなったかというと、500グラムで7ドルから12ドルの値を付けることができるようになったんです」

ロビンがTボーンを2枚持ち上げた。「でもね、これはちょっと例外。肉の部位について学び、近所の肉屋と親しくすべき理由を示すにはもってこいなんですよね」と彼女は言った。「**Tボーンっていうのは、骨の両側にちゃんと肉がついてないとダメ**です。片側がストリップ・ステーキ、そして反対側の小さいところがテンダーロイン。でも、肉屋ではテンダーロインを切り落として、ストリップ・ステーキの部分だけ残すんです。違いがわかります?」彼女は別の肉の袋を手に取った。「これはニューヨーク・ストリップ・ステーキ。500グラムで8ドル99セント。このTボーンステーキは500グラムで12ドル99セント。でも、Tボーンステーキが片側だけだったら、つまり、最も高価なステーキの部分が切り落とされたものだったとしたらどうかしら。これが間違いで起きたことなのか、それとも意図的に切り落とされたものなのか、判断は難しいですよね。でも、あばら骨の片側の肉が切り落としてある肉をあなたが買ったとすれば、あなたはだまされていたことになります」

〝ナチュラル〟と〝オーガニック〟の違い

メンバーには聞きたいことが山ほどあるようだった。ふたつのよく目にする区分〝オーガニック〟と〝ナチュラル〟の違いは? 穀物肥育された牛の論争についてはどうなんだろう？

まず話をはじめる前に、なにが商業的に肉を生み出しているのかを知るのがいいだろう。アメリカ国内で生産される抗生物質の70パーセントが健康な家畜類に投与されている。それには、豚、鶏、そして牛も含まれている。アメリカやカナダの多くの商業牛肉生産者は牛に成長を促すホルモンを注射している。牛肉産業は、成長ホルモンの安全性に関しては油断することなく試験をしているとしている。批評家たちは、成長ホルモンは、成熟期の早期の段階から、特定の種類のがんの発生の原因となり得るとしている。

最も商業的に飼育される牛は各農家で育てられるが、その後は飼育場で大量のトウモロコシと穀類を与えられて〝仕上げ〟が施される。これは牛がそもそも食べるタイプの食事とはいえない。しかしそれは消費者の要求によって行われているのだ。多くの人が、トウモロコシで育った牛を望むのは、脂肪分が少なく、口あたりのよくないグラスフェッドの牛肉に比べて、霜降りで食べやすいからだ。

これとは対象的に、**オーガニック農場経営者は、家畜に対して抗生物質や成長ホルモン、あるいはオーガニック以外の飼料を与えることを禁止されている。**牛にとって

〝ナチュラル〟という描写は〝オーガニック〟より自由度があるけれど、牛に成長ホルモンを与えてはいけないし、抗生物質や加工処理は最小限とされている。とはいえ、ナチュラルという意味が、ハンバーガーに加工されていないという意味しか持たないケースもある。

「小規模農家の多くで育てられたグラスフェッドの牛はオーガニックの必要条件を満たさないし、**オーガニック・ビーフとはいえ、飼育場で育てられて、オーガニックのトウモロコシを食べさせられていただけという場合もあるんです**」と私は言った。「歯切れが悪いと思われるかもしれないけれど、違いを知ろうとすると、**牛を育てた企業を知る以外にないんです。**スーパーに肉を卸している企業とか精肉店を調べてみてください。そして質問してください」

かわいがっていた牛

ロビンが話に入った。「肉は安いものじゃないんです。1カ月の食費っていくらぐらいかかってますか？　そのなかで、精肉にいくらぐらい使ってる？　たぶん想像以上の額なんじゃないでしょうか。だから、考える価値があるんです」

調理という枠を超えて、私はメンバーに、コストだけではなく、肉がどのようにし

てでき上がっていくのかを考える習慣を持って欲しかった。だから私はベッツィーの話をした。ミシガンで私たち家族が唯一《ゆいいつ》育てた牛だった。ベッツィーはおとなしくておっとりした、穏やかな気質の、長いまつげをした牛だった。私たちがベッツィーに名前を付けたことを、母は喜ばなかった。

母は「牛に名前を付けちゃだめ」と言った。

才能豊かなアーティストである私の兄は、ベッツィーの美しい絵を描いた。「もう絵は描いちゃだめ」と母は言った。

私たち兄妹《きょうだい》は順番に、クローバーで覆《おお》われた広大な牧草地を、ベッツィーを連れて何時間も散歩し、彼女のざらざらとした毛を撫《な》でた。「牛をかわいがらないで」と母は言った。

秋になり、薄ぼけた灰色のオーバーオールを着た男性が農場にトレイラーで現れた。父は彼が**ベッツィーを素敵な農場に連れていき、冬を過ごさせるんだと言った。ベッツィーは素直に子どもたちの前を歩いていった。私たちは驚き、目を見張り、そして堰《せき》を切ったように大声を上げた。**妹は耐えることができなかった。父の足元から離れ、ベッツィーのところまで走ると、小さな両手でベッツィーの首を抱きかかえた。妹は涙を流しながら、別れのキスをした。「さみしいよ、来年の春に戻ってきてね」父はやさしく彼女をベッツィーから引き離した。

2週間後、妹は紙に包まれた荷物が納屋《なや》の冷蔵庫に入っているのを見つけた。その日の夜、私たちは牛肉の入ったスパゲッティを食べた。妹は兄が描いたベッツィーの木炭画を見て、目の前の皿に視線を移した。結局、彼女はそれを食べた。

クラスの半分がつらそうな表情をしていた。「あなたも食べたのよね」ドナがはっきりとした口調で言った。「そうよ、それからこれも……」私はサイドテーブルに移動させた、まだプラスチックのカバーで覆われている肉を指さして言った。「この肉も、かつてベッツィーだった。でも私たち家族は、ベッツィーが食べていたものはわかっていた。彼女は抗生物質もホルモンも与えられてはいなかった。トウモロコシだって食べていなかった。ベッツィーは、牛が本来好んで食べる草を食べていたの。だから、ベッツィーのときのように、**より身近に肉に接することは、よいこと**だと思う」

トリッシュ、去る

牛肉についてひと晩中語り明かすことはできただろうけれど、時計の針は進んでいた。私たちは、ボウルに入った玉ねぎ、にんじん、そしてセロリを作業台に置いた。各自ミルポア（にんじん・玉ねぎ・セロリなどを煮込んだもの）を、まるで何年もそうしてきたかのように、かき混ぜた。**初めてのクラスでは30分かかったことが、10分以内にできるようになっていた。**「みんな上手じゃない」と、ロビンはリサと私がすべて集めてボウルに入れる様子を観察しながら言った。なんとなく私は、自慢げな母親の気分だった。

次に私たちは、豚肉のカットの練習に入った。誰もいままで買ったことがない部位、そう、豚肩ロースだ。ロビン、リサ、そして私が肩ロースの塊をメンバー全員に手渡した。ロビンが大きい塊を切り分けていく方法を指導し、骨を触る方法や、軟骨や筋、腱《けん》、白い脂肪といった必要のない部分を切り取っていく方法を教えた。

穏やかな60代のパートタイムベジタリアンのトリッシュは、精いっぱい頑張っていた。**私は彼女の姿を部屋の隅から見ていた。つらそうに万能包丁を握ると、桃色の肉の上で躊躇《ちゅうちょ》していた。しかし彼女はここで静かに包丁を置くと、いったんテーブルを離れ、そしてきっぱりとエプロンを外した。**トリッシュは私が立っていたドアの近くに歩いてきた。「ごめんなさいね。でも、私には荷が重過ぎる」と彼女は申しわけなさそうに言った。彼女はバッグを持つと、帰っていった。

クラスに残ったメンバーは、とても熱中しているようだった。鶏肉の授業ではとても怯《おび》えていたというのに、牛肉と豚肉に対してはそんな気持ちにはならなかったようだ。**誰もいままで肉の塊に対峙《たいじ》したことがなかったのだ。しょうがないでしょ？　誰が彼女たちを責めることができるんだろう。**包装済みの食材が溢《あふ》れる時代、飲み込むためのひとくちサイズにする以上に、何かを切る必要などなく、切らずに一生を過ごすことができる。肉の中にある腱を探し、筋肉の発達の複雑さに触れたりしなくてはならない理由なんて存在しない。その日の授業のように、肉を解体する計画でもない限り、硬くまっすぐな骨の先にあるやわらかな肉に触れることだってない。鶏肉に触ることがイヤだったドリは、いまとなっては包丁を巧みにあやつり、レーザー光線のように意識を集中させた熱血科学者のようになっている。ジョディは肉を指で触り、揉《も》み、輪郭を理解しようと努力していた。

母への反逆

ロビンはテーブルを回って点検し、アドバイスを与えて静かにサポートを続けた。

「そう、刃を肉のラインに沿わせて」と彼女はシャノンに言った。作業開始前のシェリルは少し怯えたような様子だった。ロビンは彼女の手を握り、「そう、こうやるのよ。とても上手。ね？　できるでしょ？」肉の扱い方を料理学校で習ったのかとシェリルはロビンに聞いた。ロビンは「いいえ、私、学校には行ってないんだ」と答えた。**「なぜか料理に辿《たど》りついたの。面倒を見てくださったシェフがいてね。私、がむしゃらに突き進んだ」**

　シェリルの隣に立っていたシャノンはその会話を聞いていたようだ。彼女は丁寧に肉を角切りにしながら、顔を上げずに「お母様って料理上手だったんですか？」とロビンに聞いた。私はキッチンを訪問し、初めてシャノンに質問をしたときの反応を思い出していた。シャノンの母はいつもシャノンをキッチンから追い出していたのだ。

　ロビンはワッハッハとハスキーな声で大笑いした。

「うちの母親が！　まさか！　あの人、料理がすごく下手よ。キッチンには用がないタイプの人。私が料理をはじめた理由のひとつに、彼女への反逆があるかもしれないわね」

　私たちは、煮込み料理の準備をしはじめた。今回は、20センチのソースパンを全員に手渡し、ガス台か、キッチン周辺にある電気バーナーを選ぶという選択肢を与えた。

「6口ガスコンロでもふたりぐらいは作業できるわ」と私は言った。ドリは場所を取られまいと誰よりも先に動いた。授業中に業務用ストーブから吹き出す熱風を恐れている生徒も多かった。しかし、ドリは違う。彼女は都市計画の仕事を辞めて、レストランで働く準備ができているように見えた。


鶏肉でやったように、まずは茶色い焼き目が付いて焦げる手前ぐらいまで、熱したオイルで豚肉を焼いた。そして各自がミルポア、スープ、ワイン、そしてハーブを入れていった。空気に濃厚な肉のにおいが漂いはじめた。ひとり、またひとりとフライパンにフタをし、オーブンに入れていった。熱くなっているフライパンの柄を、紙オムツでつかみながら。「いい？　自分の鍋《なべ》の場所は覚えておいてね」と私は助言をし、全員がオーブンのドアをバタンと閉めた。

「いいじゃん！」とロビンは言った。時間のことを考えて、彼女はすぐさま次に進んだ。ロビンは大きなスキレットを電気バーナーで熱すると、メンバーを作業台の周りに呼び寄せた。

スパイスが復活する魔法

「カットされた肉に味付けをするには、スパイスをすり込んでコーティングするシンプルな方法があります」ロビンは作業をはじめた。スパイスは1年ほどの保存期間があるけれど、光や熱に晒《さら》されるとその期間は短くなる。たとえばオールスパイスやシナモンスティックのような、もともとの形のままのスパイスは、もっと長く保存することができる。「私もみんなと同じですよ。オレガノを20年ぐらい棚に置きっ放しにしてる。たぶん、味なんてどこかに飛んでいってるわ。**ホールスパイスとか、棚に置きっ放しになってしまっているスパイスを蘇《よみがえ》らせる方法がある。それは、煎《い》ることなんです**」

　ロビンはフライパンにカルダモンを加えた。インディアンカレーでお馴染《なじ》みのスパイスで、ひまわりの種を緑の布でくるんだような、深い茶色いこしょうのような見た目をしている。「私が油を引いてないのに気づいてくれたかな」とロビンは言った。

「こうやって乾煎《からい》りするんです」と彼女はフライパンの中でカルダモンをくるくるとかき混ぜた。1分ぐらい経過すると、空気の中にリコリスのようなにおいが漂いだしたのに、メンバーが気づきだした。「うん、私、完全に気づいたわ」とサブラは言い、他のみんなもそれに頷《うなず》いた。

ロビンは微笑《ほほえ》んだ。「うーん、いい香りでしょ？」最後にもう一度カルダモンをフライパンの上で滑らせると、ロビンはそれを皿に載せた。「次に、クミンも同じようにします。チリを作るときによく使うスパイスだけど、普通は挽いたものを買いますよね」ロビンは細長い、ベージュ色をした種をフライパンの中に入れた。そして再び、それをフライパンの上で滑らせた。「香りが立つまで温めて。そしてもう少し乾燥させる」クミンはまったく違う香りだった。それはチリとファラフェルを思い起こさせるものだった。このスパイスはテクス・メクスと中東の料理にはよく使われるもので、そのふたつの地域が唯一共有しているものだということは疑う余地もない。

　乾煎りが終わると、ロビンはキッチンのスパイスラックから、大きな灰色の石でできたすり鉢とすりこぎを持ってきた。乾煎りしたカルダモンとクミンを、がっしりとしたすり鉢に入れ、コーシャーソルトとこしょうの実を加えた。「すり鉢とすりこぎを持っている人っているかな？」とロビンが聞いた。「**これ、絶対に買うべき道具なんです**」と彼女は言って、すりこぎに体重をかけて、粒をつぶし、すり鉢の底に粉々になって溜《た》まるまで作業を続けた。「10ドルぐらいで買えるのよ。スパイスを種のまま買って、自宅で挽くことができるってわけ。より長く保存できるし、味も新鮮。それにこの作業ってなかなかいいのよ、だってその日のフラストレーションが吹っ飛んでいってくれるから」

肉はパワフルな味付けで

ロビンはスプーン1杯のパウダーを皿に盛りつけた。ロビンはメンバーに、においを確かめたり、少し舐《な》めたりして、テーブルの周りを回すように言った。「パワフルだよね。ほとんど痛い感じ」とシャノンが言った。「これ、自分でやろうなんて絶対に思いつかないわ」

「さあ、自分で作ってみてね」とロビンが言った。「好きなフレーバーを想像してみて。あなたの好みに耳を傾けて。本能を信じること」と彼女は言った。様々な意味で、この授業はビネグレットの授業のくり返しのようなものだった。ただし、今回はオイルと酢を使わないだけだ。「勇気を出して」とロビンはアドバイスした。「**実験すればいいんです。存在感のある味は肉にすり込むと最高の結果を引き出すから**」

優雅にスパイスの味見をしていたドリとジョディは、顔を見合わせて、舌を突き出したお互いの姿にゲラゲラと笑いだした。「舌って、ほんとブサイク」とジョディは言い、そして少し落ち着きを取り戻した。「でもね、このクミン、本当に美味しいよ」

全員がステーキやポークチョップに自分の調合したスパイスをすり込んだ。そして一枚いちまい、ひっくり返して焼いていった。「**直火で焼くときのコツのひとつ。高温で調理すること**」とロビンは言い、熱してあった業務用グリルの周りでトングを回した。「まずは片面をきちんと焼いていく。美しい茶色になって、軽くカラメル状になるまで焼く。そしてその次に、それを火から下ろして冷たい場所に持っていって、フタをする。裏側も同じようにしてください」

ジェンが肩をすくめた。「なるほどね、私がお肉を真っ黒にしてしまう理由がわかったわ。火の上に置き過ぎるんだ」と彼女は言い、それがきっかけとなってグリルの周りでは様々な失敗談が披露されることとなった。

再び、マギーが全員の名前を書いたテープを皿に貼《は》り付けた。肉がグリルから皿に移されると、全員がひとくち自分の肉を味見して、それを他のメンバーに回していった。すり込んだスパイスは、クミン、カイエンペッパー、オレガノベースの辛めのものから、カルダモン、ブラウンシュガー、シナモンという甘めのものまであった。

「この**スパイスの素晴らしさは、何にでも使えるということ。野菜にだって使えるの**

よ。調理の仕上げのスパイスとしても最高だし、シンプルな味も、複雑な味も表現できる。とにかく、自分を信じることが大切です」とロビンは言った。

誰が私たちを定義できるのか？

　リサと私は、オーブンの中からひとつずつ、豚肉の煮込みが入った熱い鍋を取り出していった。センターテーブルから出ている熱気は、まるで私たちが火事でも出したようだった。全員が自分の鍋のところに行き、味見をした。

「本当に美味《おい》しい」とジョディが自分の豚肉について言った。「この味って……。なんて言ったらいいんだろう、〝わが家〟って感じがする。私が言ってる意味、わかってもらえる？」全員が無言で食べ続けていた。彼女は気づいた。「おっと、かなり美味しいのね。みんな黙ってるもん」

「これってレストランで食べたものより断然美味しい。そのうえ、私が作ったんだよね。作ったっていっても、本当に作ったんだ。肉を切ったり、すべて私が」とドリは言った。**「まるで〝トップ・シェフ〟になった気分」それは思わず出た言葉だったけれど、本物の〝トップ・シェフ〟に教えてもらったことで、特別に与えられた喜びだった。**

全員がロビンにたっぷりと感謝した。ロビンがナイフを片づけ、私たちはキッチンの掃除をはじめながら、彼女が出演したシーズンで何かゴシップがなかったかと詮索《せんさく》した。ロビンは何も語らなかったけれど、唯一教えてくれたのは、彼女が調理の学位を持たない唯一のシェフだということだった。過去のシーズンでは、それが常にハードルとなっていた。調理の学位を持たない者が、勝利を収めることは一度もなかったのだ。ロビンは有名なレストランで働いたことは一度もないし、彼女の履歴書には有名なシェフの下で働いた経験も書かれていない。

「私が言えることは、私の料理は心からのものだし、自惚《うぬぼ》れてもいないってこと。だって私はそういう人間だから。私はそうやって料理をしてきたから、それを番組では見てもらえると思う」

ロビンが『トップ・シェフ』で苦労する姿をテレビで見た。料理人としてのトレーニング不足は、高度な調理技術を要求される戦略的な素材の脱構築や、上品で高級な技術を要求される場面では、彼女を窮地に立たせていた。有名な批評家よりもずっと激しく、競争相手からは批判された。20代のシェフが彼女を「ばあちゃん」と呼んだときは、心臓がぎゅっとした。ロビンも私も同じ年代だ。他の参加者は彼女のことを「本物のシェフではない」とまで言った。

何がシェフの定義なのさ？　私たちを定義できるのは、なんだっての？　私は確かに調理で学位を持っているけど、でもロビンは10年以上も料理産業で働き、有名レストランを5年も切り盛りしてきた。もし調理の学位がないことで彼女がシェフとして不適格とするならば、ミシュランにランクインするシェフで、チェーンレストランで見習いからのし上がってきたシェフたちも不適格だっていうの？

全国放送のテレビ番組に出るなんて、相当、根性が必要だ。特に、調理のコンセプトを盲目的に崇拝する番組であればなおさらのこと。〝グルメの幻想〟がまたしてもはじまったのだ。私のキッチンでは、彼女はとてもやさしくて、知識もあって、辛抱強く、とても勇気づけられる存在だった。調理界の、いわゆるエリート連中が家庭料理人を見下す手段として、彼女がスケープゴートにされたかもしれないという状況に、私はショックを受けた。

私はこのプロジェクトをはじめたときの問題提起に思いを巡らせた。シャノンの母**親は、シャノンがなんでも焦がすとバッサリ切り捨てた。でも、6週間のクラスを経**

て、私はみんなの好奇心だとか、まだ気づいていない才能ばかり目撃してきた。中には、ゴードン・ラムゼイの料理番組を見ながらインスタントのツナのキャセロールを食べたと告白した人もいた。私が彼女に理由を尋ねると、彼女は料理することは自分にとって不可能だと思っているし、挑戦する価値もないことだと考えていると答えた。彼女は自分の調理技術に落胆するあまり、このプロジェクトに参加することを辞退した。無料のプロジェクトだというのに。

誰ができないなんて言ったの？

ベテラン調理師であるリック・ロジャースは「家庭料理をダメにした原因のひとつに、テレビ番組の料理ショーがあると思う」と言った。彼はいままでに料理教室で500回以上も教え、何人もの悩める料理人たちに会ってきた。「まず、番組の大半で多くのことを教えるのに、実際の調理の仕方はまったく教えない。**20歳そこそこの料理人が泡立てに取り憑《つ》かれたようになったり、キッチンの中を走り回る料理バトルを見ると、ポルノでも見てるような気分になるんだ。やってみたいけど、たぶんぎっくり腰やっちゃうなって」**

ジュリア・チャイルドがいまも愛される理由はそこにあるのではと私は思う。肉のクラスのすぐ後に、彼女の料理番組『ザ・フレンチ・シェフ』で、彼女がフライパンにびっしりと敷き詰めたじゃがいもをひっくり返すところを見ていた。「何かをひっくり返そうって思ったら、自分を信じて勇気を出して、ひっくり返しましょう」そう言って彼女は、まさにひっくり返そうとしていたけれど、彼女自身がまったく自信がなさそうで、うまくいくかどうかわからないという表情をしていたのだ。彼女はフライパンを揺すって、そして必死にひっくり返した。じゃがいもはフライパンに戻るどころか、半分以上がガス台にぶちまけられた。彼女はぶちまけられたじゃがいもをチェックして、何が悪かったか説明した。「**自分が本当にやるべきことに、自信が持てなかったのね。落ちたら拾えばいいわ**」

ファンが彼女を一生愛するきっかけとなった瞬間がやって来た。「**それにね、ひとりでキッチンにいるんだから、誰も見てないでしょ？**」

「ジュリアの小さなキッチンの大失敗は、解放であったし、学びであった」と、2009年、マイケル・ポーランはニューヨーク・タイムズに寄稿した、家庭料理の衰退に関するコラムで書いた。彼は、シンプルではあるけれど、確かな洞察力を用いて、こう表現した。「食べ物をひっくり返す技術を学びたいのであれば、とりあえずひっくり返す！　それはある意味、勇気だった。調理をするという勇気だけでなく、世界で最も魅力的で、人を怖がらせるじゃがいも料理を作る勇気だ。それはジュリアが私の母に与えた勇気であり、また母のような多くの女性に与えた勇気であった」
たぶん、それはジュリアが残した最も偉大な貢献だったのだろう。彼女の指導はがむしゃらなものだったけれど、同時に料理人たちに未知の料理の世界を進んでいくために必要な勇気も分け与えたのだ。

我が道を進んで褒められることってどれぐらいありますか？　自分自身を信じる自由が与えられること、間違いを許されることってありますか？　料理に関してはどうですか？　料理以外のことはどうですか？

私の母のお決まりのフレーズはたくさんあるけれど、ここでふたつ紹介したいと思う。子どもが「できない」という言葉を使うと、母は決まって「誰ができないなんて言ったの？」と言った。「誰が」をとりわけ大きな声で。そしてもうひとつ。「１００年経《た》てば誰も違いなんてわからない」
料理ができないなんて誰が言ったの？　何から何まで手作りしなければダメだなんて、うそっぱちだよ。食べるものすべてがオーガニックで、地元で栽培され、グラスフェッドでなきゃダメなんてこともないんだから。インスタントのツナキャセロールと、〝トップ・シェフ〟の間に、あなたにとって心地よい場所を見つければいいじゃない。焦《こ》がしても、落としても、煮過ぎても、生焼けでも、味気なくても、食事のしたくに失敗したって、それでもいいじゃない。たかが1回の食事なんだもの。明日になったらまた作ればいい。100年経てば誰も違いなんてわからないのだから。

キッチン初訪問⑦ジェン
料理する必要にせまられなかった女

25歳のジェンはとても美しい黒髪の女性で、3人のルームメイトとダウンタウンにある広い家に住んでいた。3人のうちのひとりがジョンで、彼女のボーイフレンドだった。

彼女は数少ないレパートリーのひとつを作ってくれた。市販の照り焼きソースで味付けした、アジア風コールスローだ。**ジェンは人生の大きな節目をきっかけに、料理を学びたいと思っていた。彼女とジョンは、自分たちだけのすみかに引っ越す計画をしていたのだ。**

「料理上手な友だちがたくさんいるんです。なんだか料理上手の女子会みたいになっちゃって、私は入会を誘われたこともない。なんとなく仲間はずれっていうの?」

ジェンや、シェリル(293ページ)なども、母親が料理上手の家庭に育ったが、家を出るまで料理をほとんど習ったことがなかった。

「冷凍ピザだったらいつでもあるし。でも、そういうことはもうしたくないって思ってます。私は、自分の家族に栄養のある食べ物を作っているんだって気持ちになりたいしね。ただ生き延びるためだけの食事ではなくて」

ジェンはくり返した。

「どうしても料理を習わなくちゃと考えたことがなかったんだと思う。だって料理を知らなくたって生きていけるもん。でも年をとって、健康に暮らすには料理の技術は必要だってわかった。自分が食べるものは管理できるようになりたい。食べ物に何が入っているのかわからない時代でしょ、いまって」

キャスリーンのレシピ③　ベーシックなローストチキン

材料（4人前）

・丸鶏《まるどり》　1羽
・乾燥ハーブや、塩こしょうなど　適宜
・刻んだにんにく　適宜
・粗塩　適宜
・黒こしょう　適宜

手順

① オーブンを220度に予熱する。味となるハーブやスパイスを混ぜ合わせる。丸鶏からは内臓を取り出しておくこと。
② 鶏の皮の下に指を入れて、ゆっくりと剥《は》がしていく。むね肉、もも肉を重点的にすること。身との間に空洞を作り、そこに調合したハーブやにんにくなどをすり込ん

でいく。皮の表面にもこすりつけ、粗塩と黒こしょうも全体的にすり込んでいく。

③　必要であれば足をたこ糸で結ぶ。こうすることで鶏肉の姿が整い、均一に火が通る。

④　鶏肉が大きければそれだけ焼き時間は長くなる。オーブンの性能や鶏肉の状態によりまちまちではあるが、標準的な1・5キロサイズであれば焼き時間は1時間ほど。500グラム増えるごとに10分を目安に焼き時間を足す。1時間半が経過したら、スプーンやはけを使ってバットに溜まった焼き汁を皮にかけていく。

⑤　鶏を裏返して、追加で20分焼いても可。そのときは、最後に再び焼き汁を回しかける。

⑥　焼き上がりを確認するには、温度計を使うと確実。温度計を刺してみて、肉の温度が85度に達していれば、焼き上がっている。念のために、もも肉を少し切り落とし、焼き汁が透き通っていれば完成。焼き汁がわずかでも赤いようであれば、再び焼き汁を回しかけ、オーブンに戻して10分焼く。焼き上がるまで、この作業をくり返す。盛りつける前に数分休ませること。

第3部

ほんの少し買い、たくさん作り、
捨てないしあわせ

「ごきげんよう、さようなら、魚のみなさん」
——ダグラス・アダムス

第9章 歓喜の魚

レッスンのハイライト☞魚の買い方、そして様々な調理方法。

世界からSUSHIが消える？

北米に住む人間はあまりシーフードを食べない。年間ひとり当たりざっと7キロほどしか食べていない。年間30キロ近く食べている鶏肉《とりにく》と比べると、わずかな量だ。私たちが食べる食品に占める魚介類の割合はたった7パーセント。アジア諸国では、魚介類は食品の25パーセントを占めている。ヘルスケアの専門家の多くが、魚の消費量を上げることで、脂肪酸であるオメガ3を十分に摂取できるとしている。オメガ3は心臓病、アルツハイマー、がん、そして臨床的うつ病に対してさえ、抑制する働きがあるとする研究結果が相次いでいる。

私はクラスに魚料理を教えようと意気込んでいた。しかしそれは、まったくうんざりしてしまうようなドキュメンタリー映画「The End of the Line」（日本未公開。原作は

『飽食の海：世界からSUSHIが消える日』）の上映を見るまでの話だった。もしこのドキュメンタリーについて聞いたことがないのであれば、ここで説明したいと思う。これは商業的な乱獲によってもたらされた、多くの魚に焦点を当てたドキュメンタリーで、それは海にとっては〝不都合な真実〟として、しばしば言及されている。乱獲は消費者の気まぐれが原因で行われる。1980年代に起きたサケにまつわる大騒動も同じだ。途方もない需要と、小売業者やレストランからの突然の要求で、何百万匹といわれるサケの乱獲が行われたあげく、数年でその種を絶滅寸前にまで追い込んだ。数年後にチリ産のシーバスがメニューに並びはじめたときも同じことが起きた。20種以上の魚が乱獲リストに記載されている。

　ということで、私の最初の意気込みはすっかりジレンマとなった。魚料理を教えるべきなの？　料理の仕方を知っていたら、もっと魚を食べるというメンバーが多くいたからだ。

「は？　何言ってんのよ。魚の授業をやらなくちゃだめよ」とリサは言った。「ここはシアトルなんだよ。空港のフロアにブロンズのサーモンが埋め込まれてんのよ。なんでテッドを先生として呼ばないのよ？　彼は魚料理のジェダイ・マスターじゃないのさ」

シェフで友人のテッドの経歴は、1980年代にテレビ局へのケータリング業務に関わったところからはじまり、彼のレストランにはジュリア・チャイルドがよく訪れた。いまでは財政コンサルタントとして活躍しているテッドだけど、キッチンへの情熱を一度も捨ててはいなかった。

ジェン、サングリアを振舞う

メンバー数人が早めに到着していた。私はここがチャンスとばかりに、テッド、ジェフ、そしてマギーがしたくをしている間にメンバーに話しかけた。

「近所にあるスタンドで野菜を頻繁に買うようになった」とジェンは言った。「その晩にメキシコ料理がテーマのパーティーに行くからって言ったのよ。野菜スタンドのオーナーのリアクション、見せてあげたかった！」彼女はその話をしたくてたまらない様子で続けた。「彼も奥さんも、行ったり来たりして、おばあちゃんがペルーから持ってきたレシピで、最高のサングリアを作れって言い出してさ」

オーナーはジェンにレシピをくれ、ジェンとボーイフレンドがサングリアを作ることができるように準備を整えてくれたというのだ。ただし、オーナーがタマーリ〔トウモロコシ粉やひき肉をトウモロコシの皮で包み蒸した料理〕を欲しいかと言ってきたときには、余分に買わせるための策略なのではと疑ったらしい。「パーティーではタマーリをたっぷりと作っているはず。だから味見だけさせてもらうわって言ったら、袋に入ったタマーリをタダでたくさんくれたの」

ジェンとボーイフレンドは急いで家に戻った。「大きなワインジャグにサングリアを作ったんだ。小さな注ぎ口に必死になって果物を詰めて」と彼女は、その状態を笑いながら説明した。「まったくハチャメチャだった。それからタマーリとサングリアを持ってパーティーにすっ飛んでいったよ」彼らのお土産は大好評だった。パーティーにいた人たちが感激していたらしい。

「なんだかおかしいけど、私、わかったんだ。**スーパーマーケットの外にはいろいろな世界があるって**。こういう出会いってスーパーではありえないでしょ？ まるで彼らの友だちになったような気分だった。私たち、この地域の一員なんだなって。それって素敵だよね。**ちょっと恥ずかしいけど、料理っていろいろな楽しみがあるな、想像以上だなって思ったんだ**」

ジョディが時間通りに現れ、ジェンの話の最後のあたりを聞いていた。彼女は話に加わった。「あなたが楽しみって言葉を使ったの、驚いた」とジョディは言った。先週末、友人が家に遊びにきたそうだ。一緒に料理をして、授業で何を習ったのか知りたかったらしい。「1時間ぐらい一緒に料理をした後になって、友だちが私に向かって『ねえ。一体どうしちゃったの？　すごく緊張しているのがわかるんだけど！　まるでヘンなオバサンだよ。料理って楽しいはずでしょ！』って言ったのよね」

　ジョディは、ワインを飲んでリラックスしている友だちの姿を見ていたという。

「これがけっこうショックだった。**料理ってストレスを感じるようなものじゃないってことに気づいたから。なんで私っていつも不安になってるんだろ？　いつも自分の中のどこかで失敗を恐れてる。でもあの瞬間、私、頭がクリアになった気がする**」そして彼女は少し黙って「ヤダ、私ったらなんだか告白モードになってるし！」

　ちょうどそのとき、マギーが手を叩《たた》いてこう言った。「さあ、皆さん！　サーモンができ上がったわよ」

食材選挙の有権者

　テッドは5切れをソテーして、それを安いものから高いものの順で並べた。養殖のアトランティック、白ザケ、紅ザケ、銀ザケ、そしてキングサーモンだ。横に並ぶとはっきりと違いがわかった。白ザケとアトランティックは白っぽく、紅ザケは深いオレンジ色で密度の高い身には波のような筋が入っていた。銀ザケはほぼ赤い色をしていた。そしてキングサーモンは深い桃色をしていて、やわらかそうだった。

メンバーは、好き嫌いで二分された。一部は食べ慣れた紅ザケが好きだと言い、他のメンバーは銀ザケがより複雑な味だと言った。「キングサーモンはバターのような味わいがあるよね」とドリは言った。白ザケと養殖ものは「これは無理」だった。

グループごとに、テーブルの上に置かれた氷の上に並ぶ、生のサケ、ヒラメ、それからタラの切り身を観察した。「新鮮な魚を選ぶときに最も気をつけなければならないことは、**新鮮な魚はにおわない**ということだ」とテッドは言った。

「もし売り場にいる人がにおいをかがせてくれないって言うんだったら、別の場所を探したほうがいいね」とテッドは言った。「香りを確認することはとても重要だから、**パックになっていない魚を買うことだ。そして理想を言えば、魚は買ったその日に食べること**」

私たちが消費者として、問題の一部となるか、それとも解決法となるかは、何を買うかによって決まる。私はメンバーに「グルメ」誌の元編集者、ルース・レイチェルが、私も参加していたカンファレンスで発言した内容で、いまも記憶に残っている事柄を話した。「私たちが大統領になって欲しい人に投票できるのは4年に1回です」とレイチェルは言った。「でも、**私たちは自分のお金を使って毎日3回投票できるんです**」

テッドはそれについて言及した。「その通り。お店の人に質問しよう。聞いてみるんだ。『これって新鮮かしら？　冷凍物？　どこの魚？　どうやって捕ったの？』ってね」

魚を食べ続けると水銀中毒になるのではという、よくある疑問をテッドに聞いたメンバーがいた。長生きで大きいマグロのような魚は、水銀の含有量が多いのではと推測されているからだ。「自分の腕よりも長い魚は食べないほうがいいという話は聞いたことがあるわね」と私は言った。「小さい魚のほうが、あなたにも環境にもよいとされているの」牛肉での議論と同じように、私たちはひと晩中話し続けることができるほどだった。それでも、そろそろ調理の時間だ。まずは、メンバーがいつものように必要な野菜を数分かけて切っていった。作業をしながら、おしゃべりしつつ。

魚を焼く

「すごくおもしろい話なんだけど」告白モードのことはすっかり忘れたようにジョデ

ィがいった。「ガレージの中を掃除してたら、ローストチキンを焼く機械が出てきたのよ。すっかり忘れててさぁ。でもね、いろいろと学んだいまとなっては、ローストチキンを焼くのに〝機械〟を買ったなんてすっごくおかしくて」

サブラは週に一度、友だちと一緒に料理するようになったと教えてくれた。「うん、すっごく楽しいよ。友だちが家まで来てくれて、一緒に料理するんだ。今週はビーフシチューを作って、それが本当に美味《おい》しかったんだよ」そして彼女は周囲を見回した。

「あれ？　これだけ？　もう野菜はないの？」

私たちは、私がロンドンで出会ったイタリア人に教えてもらったレシピから作りはじめた。熱したフライパンに、スライスしたばかりの赤唐辛子、玉ねぎ、アスパラガスの茎、にんにく、そして刻んだ黒オリーブを入れ、そこにたっぷりとオリーブオイルを注ぎ込んだ。塩、そしてこしょうも加えた。

「基本としては、たくさんの野菜を焼いて、その中に魚を潜り込ませるってイメージね」と私は言った。「鶏のむね肉でも作ったことがあるわ」私はそれをオーブンに入れた。「よし、テッド。あなたの番よ」

テッドは両手をパンッと合わせた。「よし、魚を焼こう！」彼はスキレットを手に取ると、作業台の上に置いてある簡易コンロの上で熱しはじめた。鶏肉と同じように、高温で手早く調理して、真ん中まで火を通すのだ。**バーナーの火を大きくしてスキレットにオリーブオイルを注いだ。そしてヒラメに軽く小麦粉をはたいた。**「これでフライパンにくっつかない」彼がフィレをスキレットに入れると、オイルに触れて派手な音を出した。ジュージュー鳴る音に負けじと、テッドは大声で話しはじめた。その音はひっきりなしに鳴っていた。「**焼くときは、必ず身から焼く。皮が付いていたら、皮が付いていないほうを下にして焼くんだ。**そうすることで均等に火が通って、美しい茶色い焼き目が付く」

　彼は素早くスキレットを振った。「これは聞いたことがあると思うけど、食べ物を入れた直後にフライパンを振れば、こびり付くことはないんだよ」彼は注意深くスキレットの中を見ていた。5分経過して、半透明の白身魚の下と周辺の色が変わった。彼はフィレをひっくり返して、フタをして、火を止めた。「2・5センチ以下の厚さのフィレは、スキレットの熱で火が通る。反対側を焼いた時間と同じぐらい、調理しよう」

「さて、魚が焼けているかどうか確認するためにここで必要なのが、このツールさ」と彼は言い、右手人差し指を出した。大げさに意味ありげに人差し指をゆっくりと魚の表面に向けていった。

「真ん中が引き締まって硬くて、触ると熱くなけりゃダメ」彼はフォークを取り出して、真ん中で割った。「**こういう感じで層になって分かれることを〝フレーキング〟と呼んでいる。**このフレーキングが、君らの目指すゴールだよ」彼は魚を皿に載せた。

〝フォン〟を〝ディグレーズ〟

「それじゃあいまから、同じフライパンを使って即席ソースを作るぞ」彼は再び火をつけた。「スキレットの底に小麦粉が付いてるのが見えるかな」と、彼はスキレットを持ち上げて、メンバーに見えるようにした。「**これが、〝フォン〟と呼ばれるものだ。**フランス語で、〝基礎（ファウンデーション）〟という意味となる。これにはたくさんの味が詰まってる」

　彼がスキレットに少しだけ白ワインを注ぐと、一気に蒸発した。

「熱した**フライパンに液体を入れてフォンを浮き上がらせる。これを〝ディグレーズ〟と呼ぶんだ。**さあ、トリックを教えたよ。これは、フライパンにこびり付いたベタベタを剥《は》がす方法でもある」彼はスライスした玉ねぎ、ズッキーニ、パプリカを加え、塩こしょうした。数分炒《いた》めて、それを魚の上に載せた。「バーン！　ほら、でき上がりだ」彼はスキレットをカウンターに置いた。そして魚の上に刻んだバジルを振った。「シンプルであっという間にできる。この作り方を学んだら、冷蔵庫にあるものを使って15分でソースを作ることができる。ワインを飲まない人や、ワインがないという場合は、チキンストックを少し、そこにレモンジュースかライムジュースを加えてみてくれ。それでバッチリだ」

料理は助け合い

ドリが、鶏肉のレッスンで学んだ〝味のキス〟が魚にもできるか質問した。

「もちろんよ。コンセプトは同じだからね」と私は言った。「いますぐやってみようよ。ねえみんな、ふたり組になって」

毎週毎週、誰かが料理をするのを見ていて、私は興味深いことに気づいた。ひとりでは、メンバーは自信がなさそうに振る舞う。でも、ふたり組になってチームを作ると、レッスンもてきぱきと進み、自由に実験できるようになるのだ。たぶん、料理の本質が助け合いなのかもしれないし、知識の足りなさや自信のなさから隠れて安心できるのかもしれないし、その両方かもしれない。私たちは、もっと協力して料理を作るべきなのではと私は考えた。レシピに挑戦しながら、人とつき合うことに時間を費

やすのだ。たぶん、私たち全員が、コーヒータイムよりも〝料理の時間〟を持ったほうがいいのではないだろうか？　子どもを一緒に遊ばせる約束をするなら、みんなで一緒に料理をすることも、たぶんできるだろう。

メンバーがスキレットを握ったところで、私は考えるのをやめてクラスに集中した。メンバーはまるで高価な宝石かプラスチック爆弾を選ぶかのように、とても注意深く魚の切り身を選んだ。ドリは再び、ペアになったドナと一緒に大きなストーブの前に陣取った。ドリは高温調理のほうが自信を持つことができるのだ。ドナが尻込《しりご》みすると、ドリが彼女の代わりに魚を調理すると申し出た。ふたりは魚を焼いて、人差し指を使って焼き加減をテストした。そしてにんにく、ねぎ、パプリカの細切りとズッキーニを使って即席ソースを作った。ふたりで作ったフィレの上にその野菜ソースをかけると、ふたりは喜びを抑えきれないようだった。

「ちょっと見て！　焼けたよ。雑誌に載っちゃいそう」

ふたりは本当に誇らしげだった。私はカメラを取り出して、ふたりの写真を撮影した。

サブラとジェンは自分たちの魚の調理をあっという間に終えてしまい、私はふたりの料理を見ることもできなかったほどだ。「あたしたちプロっすから。そういうこと」魚をムシャムシャ食べながら、サブラは説明した。ジョディとアンドラは真剣な表情で調理をし、注意深くすべての手順を踏んでいった。テッドはトリッシュとチームになっていた。

「でも、焼き上がったかどうか、どうやってわかるのかしら？　焼き上がった感じがどうなのかわからないわ」トリッシュが聞いた。彼は、魚が焼けてから、何度も触って焼き上がった硬さを感じて、人差し指を「訓練」してみることだとアドバイスした。**他のすべての物事と同じように、魚を上手に焼けるようになるには、とにかく焼いてみるしかない**のだ。

全員がソテーし終わると、私はオーブンから10分ほどローストされた野菜を取り出した。「さ、ここに注目してね。野菜は半分調理されている状態。さあここでやらなくちゃならないこと。それは、この野菜の上に魚を置いて、熱くなった野菜で魚を覆《おお》ってあげることです」私はヒラメの長い身を野菜の上に置いて、スプーンで熱々の野菜をすくって、ヒラメを覆った。「さあて、あと15分か20分ぐらい焼きましょうか。

それからどうなったか見てみましょう」

プレゼントを開くようなひと皿

　次に私たちはパピヨット料理の作業に移った。**パピヨット、つまり紙焼きだ。この技術は、とてもシンプルで素早い調理方法だし、フライパンもいらなければ、皿を洗う必要もな**いというのに、アメリカの家庭であまりにも知られていない。調理方法は本当にシンプルだ。少しの油を、大きめのオーブンシートかホイルに広げて、塩こしょうする。薄くスライスした魚のフィレにオイルかバターを塗って、塩こしょうし、みじん切りにした野菜、ハーブ、少量のワイン、そして柑橘《かんきつ》系の果汁か酢を加えるのだ。オーブンシート（またはホイル）を二つ折りにして端をたたみ、両端をきっちりと折ったら、２００度に熱したオーブンで15分焼く。これは薄くスライスした鶏肉でも作ることができる。

「野菜は細かく切って、魚は薄く切ってみて。そうすればすぐに火が通るからね」とテッドは説明した。そして彼は自分の指を使って、オーブンシート（またはホイル）の端をきっちりとつかみ、たたみ込む方法を見せてくれた。**「きっちりと、完全に密封してくれ。そうすればオーブンシートから水分が漏れないよ。**きっちり折って蒸気

を逃がさないことで、焼くこと、蒸すことが同時にできるんだ」

　各チームが作業をはじめた。私はテーブルの周りを歩き回って、メンバーが、タラ、サーモン、鯛《たい》の切り身を選び、どう組み合わせていくのかを見ていった。ドリとドナは話し合っていた。「うーん。バルサミコはどう？　味が強過ぎない？」ドリが考え込んだように言った。ドナも考えていた。

「ねえ、好きなものを考えない？　オリーブはよさそうよね。オリーブと何が合う？」「トマトじゃない？」ドリが答えた。そこからふたりはスライスしてあった野菜に手を伸ばして、より細かいみじん切りにしていった。刻んだオリーブ、パプリカ、玉ねぎ、エシャロット、バジル、そして白ワインと白バルサミコ酢が振りかけられたふたりの魚は、本当に美味《おい》しかった。

　各チームが折りたたんだオーブンシートに名前を書き、ベーキングシートの上に並べた。私は焼いていた野菜と魚を取り出して、サイドテーブルに載せた。「うわあ、美味しそう」とアンドラが言った。「すごくいいにおい」私はオーブンシートに包まれた魚が載ったトレイをオーブンに入れた。

　メンバーはおしゃべりしながら、お互いの作ったものを食べ、野菜で包まれて焼かれた魚の味見をした。「全部すごく美味しいし、すごく簡単だよね」とジェンは言い、自分のソテーした魚をぱくりと食べた。「私、これから、絶対に、もっとたくさん魚を食べると思うわ」

15分後、マギーが紙焼きの魚をオーブンから出してきた。各チームは注意深く自分たちの熱々の魚を回収して、皿の上に載せた。私の合図で、メンバー全員が同時にナイフを使って紙を開けた。蒸気が出て、様々な香りがキッチンに充満した。ドナは喜んで手を叩いた。**「ごちそうのプレゼントを開けてるみたい！」**「こんなの出したら、ダンナはノックアウトだわ」と、シェリルは言った。

その夜、私は古いことわざを思い出していた。**「魚を1匹与えれば、1日食いつなぐことはできる。魚の取り方を教えてやれば、一生食いっぱぐれることはない」**いいことを言っているなあといつも感心する。片づけをしながら私は、魚を捕まえること自体は問題ではないのだから、魚をシンプルに料理する方法を教えることは、このことわざ通りになるのだと気づいた。

キッチン初訪問⑧テリ

夫と過ごした4年前の七面鳥を捨てない女

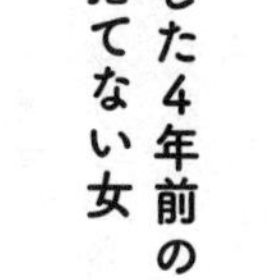

肥満と高血圧

テリは柔和な表情をたたえた、ストロベリーブロンドの46歳の女性で、結婚の失敗を機に法律関係の仕事を辞めていた。十数年前には**アルコール依存症と闘った経験もあるという。**ベッドルームがひと部屋の狭いマンションで、彼女はツアービジネスを細々と営んでいた。座り仕事と、足首の骨折が原因で、**理想体重よりも20キロほど多いそうだ。彼女は、高血圧や、その他多くの健康問題を抱えていた。**

紙、カタログ、雑誌、新聞紙、請求書、封を切っていないダイレクト・メールがダイニングテーブルに山積みだ。その一部が雪崩《なだれ》を起こして、床に散らばっていた。キッチンはほぼ新品の状態だった。「だってあんまり使わないから！」と彼女は言って、緊張気味に笑った。

テリは自炊する意欲を見出《みいだ》せずにいた。夕食は主にテイクアウトになりがちだ。

「中華料理か、近所のベーカリーのバゲット・サンドばかり」毎週欠かさずピザのL

サイズを注文しては、2、3日かけてそれを食べるのだそうだ。

「私、野菜は好きなんですよ。でも上手に料理ができるとは思えない」冷蔵庫は、賞味期限切れの調味料、大きな房の古いぶどう、賞味期限が8カ月前に切れたギリシャヨーグルトのパックなどの墓場と化していた。

冷凍庫も、同じく墓場だった。中に入っていたわずかな食品の中には、**4年前に買った七面鳥があった。「それは、自分にとって家族は重荷だってわかった日、サンクスギビングのときのもの」**と彼女は言い、また不安げに笑った。

料理をあきらめた

食品棚にあった食品は健康的な食生活を示すものであったけれど、同時にその生活からの転落もうかがえるものだった。

夕食は、全粒粉のパスタを茹《ゆ》で、オリーブオイルで和《あ》えたものだった。「パスタソースの作り方がまるでわからないから」と彼女は言い、塩を振った。

リビングでレイジーボーイ社のイスに座りながらパスタを食べる彼女は、新婚当初は手料理しようと努力した話を切なそうに話してくれた。休暇中のパーティーでは肉を焼き、そんなパーティーを何度も開いたそうだ。

「お酒をやめてから料理への興味がなくなってしまって」と、彼女は正直に言った。

「でもいまは、自炊しないことが自分の健康にはよくないことだという自覚はある。たぶん自分が思っているよりもずっとね。料理をして、もう一度ウキウキした気分になりたいと思うわ」と彼女は言った。

テリのケースは重症だと私は覚悟した。**高血圧の彼女にとって、より頻繁に自炊することが最善だろう。**アメリカ人の平均的塩分摂取量のほぼ80パーセントはファストフード、あるいは加工食品からだと言われている。それと比較して、自炊した料理からの塩分摂取量はわずか5パーセントだ。**彼女は時間が問題だと言ったが、買い出しや外食で費やす時間で自炊することができるのではないか。**私は彼女が求めているのは料理のレッスンではなく、もしかしたら自分自身の問題を解決する特効薬なのではと不安に思った。

第10章　箱の中の秘密

レッスンのハイライト☞箱の外で料理することの価値。

ケーキミックスの中身

私が知っているフードライターのほとんど全員のキッチンに、高価なキッチンエイド・スタンドミキサーが置いてある。私たち夫婦は１９６０年代スタイルの、ごつごつとしたメッキのスタンドミキサーを持っている。攪拌棒《かくはんぼう》は付いていないし、当然パスタを作るためのアタッチメントが付いているわけでもない。私たちのミキサーには、基本的な攪拌機能しかない。いちばん頑張って、〝混ぜる・強〟だ。ミキサーはマイクの大のお気に入りアイテムで、彼が亡《な》き母から受け継いだ数少ないもののひとつだった。彼はいつも本当にうれしそうに、40年前、母といっしょにチョコレートチップクッキーを作ったときにボウルからバターをすくい出した話や、チョコレートのフロスティングがかかったイエローケーキを作った話をするのだ。

ある晩のこと、マイクは自分の母校のフットボールチームが負けたことでイライラして、テレビをパチンと消した。彼は、私がフード系の雑誌を山ほど重ねてペラペラめくりながら座っていたカウチからすくっと立つと、こう宣言した。「おれはいまからケーキを焼く」

「なあ、ケーキミックスってなかったっけ？」

「ケーキを焼く材料は全部揃《そろ》ってるけど」と私は顔を上げて答えた。「レシピ見れば？」

「それってマジで？」とマイクは聞いた。「君ってケーキミックスなしでケーキ焼けるのかい？」

　数分後、レシピを見て、マイクは私を呼んだ。

「あのさあ、箱の中身はなんなんだよ」

「なんの話よ？」

　彼はイエローケーキのレシピがプリントされた紙を持ってリビングルームに入ってきた。「ちょっとこれを見て欲しいんだよ。いいかい、小麦粉だろ、卵だろ、ベーキングソーダ、牛乳、砂糖、それからバターだよな。でも、箱入りのケーキミックスだったら、卵と牛乳と油を入れるだけだろ？　んじゃあ、箱の中身はなんなのさ？」彼は興奮しながら言った。「小麦粉と砂糖と、それからベーキングソーダなのか？」

マイクは根本的真実に衝撃を受けたのだ。ケーキを焼くのに、ケーキミックスは必要ではない。

彼は彼の人生で初めて、彼の母の45年もののミキサーでケーキをイチから作ってみた。

彼のケーキは、めちゃウマだった。

しかしそれは**大きな疑問に繋《つな》がった。あの箱には一体何が入っているのだ。**私はスーパーマーケットに舞い戻った。

箱入り食品は難しい？

砂糖、濃縮漂白小麦（小麦粉、ナイアシン、還元鉄、硝酸チアミン、リボフラビン、葉酸）、植物油由来のショートニング（半硬化大豆油、プロピレングリコール脂肪酸モノエステルとジエステル、プロピレングリコールモノグリセリドとジグリセリド）、パン種（重炭酸ナトリウム、第二リン酸カルシウム、リン酸ナトリウムアルミニウム、第一リン酸カルシウム）。含有量2%からそれ以下のもの：小麦でんぷん、塩、デキストロース、ポリグリセリン脂肪酸エステル、半硬化油、セルロースガム、マルトデキストリン、加工コーンスターチ、黄色5号、赤色40号興味深いことに、箱入りのケーキミックスでは、砂糖が最も多く含まれる材料だ。マイクが作ったケーキのレシピと比べてみて欲しい。

無漂白の小麦粉、砂糖、牛乳、卵、無塩バター、バニラ、ベーキングパウダー

ケーキミックスは時間の節約に繋がるというわけでもない。1950年代から行われてきた複数の研究が、**ケーキをイチから作って焼くことと、ケーキミックスを使って焼くことを比較して、短縮された調理時間の平均は1分から6分**だと示している。それじゃあなんでケーキミックスなんて使うの？　偶然にも、ケーキには、私たちが食と調理についてどんな考えを持っているのかを説明する、興味深い話があるのだ。第2次世界大戦後、食品製造会社は、戦争中に軍用食料のために発展させてきたフード・サイエンス技術を、他の市場に運用する方法を模索していた。戦争の終わりは巨大な市場を失うことと同じだったのだ。彼らは私たちの母や祖母たちに焦点を当てて、見え透いたやり方で何年もの間、料理作業の一部は努力に値しないものだと信じ込ませるキャンペーンを展開したと、『オーブン料理：1950年代のアメリカ料理の新

考察（*Something from the Oven: Reinventing Dinner in 1950s America*）』（未邦訳）で著者のローラ・シャピロは指摘している。

「食品産業は、何世代も前に料理の基本前提を作り上げた。それは深く現実として現代に根づいている。ケーキミックスは販売され、それゆえにケーキミックスは簡単で、本物のケーキを焼くという作業は難しいことになってしまったのです」とシャピロは発言している。「実際に、本当に作ることが難しい食べ物が冷凍食品や箱入りの食品として売られているんです。よい例が冷凍クロワッサンですね。その事実があるものだから余計に、**箱入りの食品は自分で作ることができない難しいものとなってしまう一面もあるでしょう**」

〝料理している感〟を演出

女性たちが手軽な食品を使うようになったのは、1950年代だと信じている人が多い。しかし、その時代の女性も、現代の女性も、家庭での食事のしたくのほとんどを担当しているし、妻としての役割を怠けていると思われることに恐れを感じるため、そもそもでき上がった食べ物は避ける傾向にあるとシャピロは指摘している。箱入りのケーキミックスは典型的な例といえる。1950年代に初めてケーキミックスが登場したとき、加える必要があるのは水だけだった。女性たちはこのようなニセ物の卵の味のするケーキを出す罪悪感に耐えることができなかった。だから、発売当初の強い関心にもかかわらず、ケーキミックスが売上を伸ばすことはなかった。研究者たちは、ケーキを焼く行為に必要な責任感と誇りを得るために、**もっとケーキに関わりたいと望む調理人が多い**ことに気づく。食品科学者は乾燥卵白を使ったケーキがどのように焼き上がるかなんてことに、そもそも興味はなかった。だから配合を変えて、調理人が卵を加えることで、より料理した気分になれるように改良したのだ。なんて素敵なの！　女性は箱入りケーキを買えるだけじゃなく、そのうえ、箱入りケーキ開発に貢献できるだなんて。そのわずかな変更で、ケーキミックスは飛ぶように売れた。

現代でも、多くの箱入りのインスタント食品に、卵、牛乳、バター、油、あるいはマーガリンを加える必要がある。たとえそれが食品科学的には不必要だったとしても、だ。でも、そうやって**原料を必要とすることで、面倒なしに〝料理をする〟感覚を得られる**のだ。

しかしながら、箱入りケーキミックスの〝時間短縮〟には、22から23種の成分が含まれており、その多くが長ったらしい名前の化学薬品だ。

『過食にさようなら――止まらない食欲をコントロールする』（エクスナレッジ）の中

で著者のデイヴィッド・A・ケスラーは、食品製造業で働く科学者たちは、数十年にわたり超加工食品とファストフードの値段の調整を追い求めてきたと記している。**彼らのゴールは、脂肪、塩、砂糖の三位一体の、いちばん美味しい部分を見つけ出すこと。そして脳内でドーパミンを放出する扉を開けるための、ぴったりの鍵《かぎ》を探し当てること**なのだ。ドーパミンは、神経伝達物質を誘発し、人工的に強められた喜びを提供する。そのためのコンビネーションを探すことは、彼らにとって、古い映画に出てくる、巨大な銀行の金庫に聴診器を当てて、鍵を回してカチッと音が鳴る場所を探すようなものだ。最後のカチャリという音が聞こえたら、ほらね！　突然、金庫は開く。

ドーパミン中毒

食品科学者のゴールは味ではなく、消費量だ。「科学者たちの言う美味しい食品とは、本質的に我々の食欲を刺激し、そしてもっと食べさせることができる食品である」と、ケスラーは記している。

たとえば、両手にいっぱいのブルーベリーを食べれば、自然の甘みであなたは簡単に満足することができる。でも、超加工食品の冷凍ブルーベリーワッフルではそうはいかない。トースターから洩《も》れ出すにおいだって、注意深く調整されていて、あなたの期待を膨らませるようになっているのだ。たぶんあなたはそれをすごく美味しいとは思わないでしょうけれど、でもなぜだか次に手がでてしまう……そして、たぶんもうひとつ。この脳内で起きている奇妙な反応を見た科学者は、ラットにジャンクフードを与え続けると、あっという間に中毒症状を引き起こすことを発見した。砂糖がたっぷり入っていて脂肪分があり、塩辛いおやつを食べてドーパミンの準備を待つ間、ラットはいつもの〝ラットごはん〟を拒否する。一部は餓死さえする。深刻な習慣的摂取を著しく促すドラッグであるコカインやヘロインも、同じような反応をラットに引き起こす。

この反応を目的としていることが、アメリカ人が口に入れる塩分の4分の3が超加工食品であるインスタントやファストフードから摂取されていることの理由だろう。美味しくするために、カップスープに、成人に推奨されている1日の塩分摂取量の38パーセントもの塩を添加する必要があるだろうか？　まさか。冷凍ラザーニャひと切れに、砂糖がけドーナツに使われる砂糖と同じ量の、ティースプーン3杯分もの砂糖が必要だろうか？　いいえ。でも、製造会社があなたにもっとスープとラザーニャを購入してもらうためだったら、必要なのだ。

これはポテトチップとファストフードへの渇望《かつぼう》も説明してくれる。私はジョディの息子を思い出した。「難しいわ」と、子ども用食材以外を息子に食べさせようと努力しているジョディは私に言った。「ほんと、ギリギリまで我慢してる。でも、絶対に食べないでしょ。だから、とりあえず欲しがるものを与えちゃう。それは認めるしかないわ」

多くの栄養士が、幼児は1日に1000ミリグラム以上の塩分を摂取すべきでないと主張している。USDA（米国農務省）の規定では1日1500ミリグラムとされている。しかし、キャンベル社の濃縮アルファベット野菜スープには、2100ミリグラムもの塩分が入っている。たった1種類の味しか期待されていないのにもかかわらず、加工食品の多くは、味の調剤書を模倣するように作られた強化食品だ。味が複雑になればなるほど、あなたはもっと食べるようになる。これはフライドチキンの複雑なバリエーションや、チキンナゲットの様々なディップソースで説明できる。**しかし、とある調査で、味が1種類、あるいは2種類ほどに限定されると食欲が減退することがわかったのだ。**

シンプルな味付けが過食を防ぐ

「食物にとっていちばん重要な、たったひとつの要素、それは明らかに味です」と、『フレーバー・ポイント・ダイエット（*The Flavor Point Diet*）』（未邦訳）の著者、デイヴィッド・カッツ博士は言う。「食物の味をシンプルなものに制限すれば、より早く満腹を感じられます。ありとあらゆる味が開発されて、満腹になるまでにより時間がかかり、もっと食べなければならないのは当然のなりゆきです。もし私たちが**シンプルな食材を選んだら、あっという間に満腹になって、カロリー摂取量も低くなる**でしょう」

　これらすべてが、食品に貼られたラベルに注意を払うこと、シンプルな食べ物を調理する方法を学ぶことの大きな理由になる。だから次のクラスでは、私はビーヴ・キンドブレードを講師に迎えることにした。彼女は19年にわたって栄養士として活躍していた。そして私は彼女の実戦的なアプローチが気に入っていたのだ。

　ビーヴはメンバーに軽く質問することから授業をスタートさせた。「あなたがこのクラスに参加した理由はなんだったの？」

　ジェンが最初に答えた。「なんだかおかしな話なんですが、私が料理のクラスを受けると知った母が、屈辱を感じたって言うんですよ」と彼女は言った。彼女の母は月曜の夜のディナーを作ることを彼女に頼んでいたそうだ。「母は、『料理は私が教えたわよ! なんでクラスになんて行く必要があるの? 私が何かした?』って聞くんです。だから、『そうよ、お母さんは確かに私に料理を教えてくれた。でも、私、全然聞いてなかったから』って言わなくちゃならなかったの」

「私は料理するよりも外食するほうがよっぽど好きなんです」と、テリがビーヴに言った。「自分のためだけに料理するのは煩《わずら》わしいし、価値もないって思います。でもいまは高血圧になってしまったし、主治医が塩分をカットしろって言うんです。私みたいにファストフードを頻繁に食べていたら無理ですよね」

「わかるわ」とドリが言った。「私、あまりファストフードを食べません。でも、料理をすると大量に作ってしまうクセがあるんです。たぶん大家族で育ったからだと思います。それでいっぱい食べちゃって、残り物が永遠に出続けるんだと思います」

ビーヴは全員の話に誠実に耳を傾けてくれた。そして自分自身のことを、強い南部なまりで話しはじめた。彼女がこの分野に足を踏み入れたのは、まさに「箱の中には何が入っているの?」という瞬間を経験したからだった。農業王国ノースカロライナで育ったビーヴにとって、クリスコという食用油〔クリスコ社が製造しているショートニング〕は商品棚にいつもあるお馴《なじ》染みのもので、ありとあらゆる料理に使われていた。

「私ったらクリスコの開催したコンテストでクッキングアワードを受賞したのよ。トロフィーまで持ってるわ！　それじゃあなぜショートニングが私を栄養学に導いたと思う？　私は、シンプルな質問をひとつしてみたの。『これはどうやって作られているの？』ってね」後に彼女は、**クリスコは人工的に作られた製品で、自然の油脂植物を、自然界には存在しない固形油に変えたものだと知った。「私のその答えに対する反応は、もし自然に存在しないものだとしたら、私の体はどうやってそれを消化するの？　ってことだった。でも、その質問にしっかり答えてくれた人はいなかった。それが、私のキャリアのスタートです」**

　地に足の着いたビーヴの話を、メンバーたちはいきいきとした様子で聞いていた。

「私のゴールはね、人々に食べる楽しさを取り戻すことなの。あなたにとっていちばんよい薬は、ちゃんとした食べ物なんです。私には８００人の患者がいますけど、初めて会ったときはほとんどの人がヘトヘトに疲れ切った状態だった」

　ビーヴの最も若い患者は3歳だそうだ。最も年配の患者は91歳だという。

「食生活に関しては、食物繊維を取り入れることがいちばん大切よ。パスタを食べるんだったら、１００パーセント全粒粉のものがいいわ。食物繊維は血糖値を下げますから。私の患者で、摂取する米の量から計算して28キロの減量が可能な人がいますよ」

人間の渇望のほとんどは、足りていないことからきている。**「食生活でプロテインを増やせば炭水化物とスイーツへの強い欲望は消え失《う》せます。**プロテインが肉由来か、魚か、あるいは豆なのかは関係ありません」肉を食べる人に対しては、量は半分に減らしつつ、使うお金は減らさずに、その分高品質の肉を買うように彼女は指導している。グラスフェッドの牛の場合、コレステロールやエストロゲンのレベルは上がらないし、オメガ3脂肪酸は普通の牛よりも多く含まれている。「スパゲッティに500グラムの牛肉のミンチを使ったり、250グラムのステーキを食べるのならば、量を半分に減らしましょう。あまったお金で、グラスフェッドの牛肉を買ったほうがいいです」

彼女はすべての食品に貼られたラベルを読むように提唱した。「〝ヘルシーなナッツのマフィン〟という商品が私のオフィスの近所のコーヒーショップで売られていたけれど、ケーキよりも砂糖の量が多かったんですよ」と彼女は言った。しかし、その名称であれば誰かがそれをヘルシーだと思っても不思議はない。**「すごく簡単なんです。普段は買っているシンプルなものを手作りする方法を習うことで、ブドウ糖果糖液糖、**

コーンスターチ、水素化油、ナトリウムなんて材料を簡単に避けることができるんです。これは驚きよ」

ドリと減量

ドリはたくさんメモを取っていた。彼女はクラスで学んだことを、すべて家で復習していたのだ。彼女は体重のコントロールに何年も悩んできた。彼女が持っていた料理への興味は、単純により健康的な食生活を送るために向けられていた。「自分で料理すればするほど、前に欲しかったものがいらなくなってきたの。たとえば箱入りのインスタントパスタとかお米を見ても、全然美味しそうに見えなくなったのよ」

ビーヴの基本ルールはシンプルだった。「私のクライアントは、食物繊維が3グラム、砂糖が6グラム以下、そしてプロテインが6グラム以上含まれている食事だったら、なんでも食べていいんです。このルールに従うと、スーパーマーケットであなたが目にするインスタント食品の90パーセント以上が除外されます」

私は、『砂糖：苦い真実（Sugar: The Bitter Truth）』という、ロバート・H・ラスティグ〔小児内分泌学者〕によるプレゼンテーションを見たことがある。彼はどんな形態の砂糖であれ、害があるとしている。「神が毒を作ったとき、彼はそれを解毒剤《げどくざい》で包んだ。食物繊維だ。サトウキビは棒きれのようなもので、噛《か》むことさえできない」と彼は言った。

　私がそれをビーヴに言うと、彼女は砂糖を摂取し過ぎている人が多く、それに気づいていないことも多いと同意した。「食品ラベルは頼りになりません」砂糖は栄養表示ではグラムで記載され、砂糖に関しては1日の必要摂取量は存在しない。「なぜないんでしょうか？　果糖はあまり必要じゃないからです。**必要な砂糖はすべて炭水化物、乳製品、そして果物から摂取できるんです。食べ物に砂糖を加えるのは最終手段なんです。**それでもケーキを食べたいと思うときは、手作りして箱のものを買わないことですね」彼女の理論は、ある意味、バターにすり混ぜる砂糖の量は、自分で作れば見ることができるというものだ。「砂糖のほとんどは隠れていて、入っているかどうかもわかりません」

　リサは私の横に座っていた。彼女は立ち上がってキッチンの中の様々なアイテムのラベルをチェックしだした。急いで戻ると、座って、ささやいた。「砂糖1グラムって、そもそもどれぐらいなのよ」私にもそれはわからなかった。後で調べてみると、ティースプーン1杯の砂糖が4グラムだった。

ビーヴは数々の質問を上手にさばいてくれた。冷凍の果物や野菜は正しい選択なの？「もちろん」とビーヴは答えた。「生野菜より冷凍の野菜がいいってこともありますよ。長い時間をかけて配送されてくるわけじゃないし、もしかしたら栄養分はより多く残っているかもしれないし」

脂肪分は？「**脂肪分は決して悪者というわけじゃありません。脂肪も種類によっては体にいいんです。**1日にアボカド半分を食べるのがいいと思いますよ」と彼女は言った。「**トランス脂肪酸のように、水素添加されたものは食べてはいけません。**ただし、脂肪を含まない何かを大量に食べるよりは、少しの脂肪を食べるほうがいいです。脂肪が含まれない食品には、砂糖が加えられていることが多いから」

彼女の結論は、自分の人生は自分のものということ。ピザを毎日オーダーしたって誰もあなたを責めやしないし、ランチにラーメンを頻繁に食べても誰も叱《しか》ったりしない。「ざっくばらんに言いますね。マイケル・ポーランがいいことを言ってたと思うんです。彼は、あなたのおばあちゃんが食べ物だと認めないものは食べるな、あるいは、常に食べるなって言っていたんですよ」ビーヴはそう言った。

「シンプルに食べるんです。たくさん料理して、シンプルに食べることについて考えるようになったり、ラベルを読む習慣が身に付けば、もうこっちのものよ」

業務用スーパーで買う
ひとり暮らしの女

キッチン初訪問⑨ドリ

7人兄妹《きょうだい》の食卓

「いらっしゃい、ようこそ」アパートの入り口へと続く、手入れの行き届いた小道を歩いてくる私たちを、ドリは両手を広げて出迎えてくれた。ドリのアパートは町の中心部にあった。理論上、この地区は少し〝荒っぽい〟場所だけれど、ここ数年で、ほぼ全域で再開発が行われた。

活発で気立てのいいドリは、滑稽《こっけい》な自分を神経質なまでに演じているように見えた。私たちの滞在中ずっと、彼女の顔には笑顔が張り付いたようだった。彼女は町の別の場所に買ったアパートに引っ越す予定だった。「狭いキッチンさん、バイバーイ！」と彼女は叫んだ。

　背が高くがっちりとした体格についてしまった**余分な20キロを隠す努力をしたためか、ドリは全身真っ黒のいでたちだった。**最近ジムに行きはじめたという。「自然食品があまりないのよね」と、彼女は食品棚に入った食品を私とリサに見せながら言った。キッチンは本当に狭くて、彼女しか入ることができなかった。私は廊下に立って見ていた。

　彼女は最初に引っ張り出した、固くなってしまったスパイスを見て、まるでクリスマスを迎えた子どものように喜んで見せた。

「あ、これこれ、フードコープでもらった魔法のスパイス詰め合わせだよー！　これでポットローストを一度だけ作ったかな。たった一度。あー、悲し〜い！」彼女はそれを芝居がかった動きでカウンターに落として見せた。「まともな食事を作ろうと思って新しいスパイスを買っちゃうんだ。いつも瓶で。まったくねえ……。あ、ここにもあったわ。ドリのハートフルキッチンにようこそ！　またまた大きな容器の登場で〜す。今度はシナモ〜ン！」

　ひとり暮らしだというのに、ドリはほとんどの食材を倉庫型ディスカウントストアで買い揃えていた。これは7人兄妹のいる家庭で育ったドリにとっては、習慣のようなものだった。キッチンは極端に狭いというのに、戸棚からは次々と食材が飛び出してくる。業務用サイズの箱いっぱいに入ったグラノーラバーとインスタントのオートミールを私に見せると、「これは、朝ごはん！」と言った。

今週こそは作る！　はず？

ドリは自分自身の悪循環について共感してくれる人はあまりいないだろうと言った。

「やる気いっぱいでスーパーに行くとするよね。よし、今週はランチをちゃんと作ってみせるわ！　って。**美味《おい》しそうな野菜をたっぷり買って、ストックするでしょ。でも、結局いつも家に戻るのが遅くなっちゃって。疲れ切ってるの。**明日にはちゃんと食べようって決めるんだけど、明日になったら下準備が必要ないものを食べるっていう、いつもの状態に戻るわけ」

そのとき、彼女は棚の下部分に大きなしおれた野菜があるのを見つけた。「**私、食べ物をすごく無駄にしてる。悲劇だよね**」彼女はこう言うと、自分が環境調査に関する学位を持ち、いま現在は都市計画に関する職に就いていると続けた。

「できるだけオーガニックなものを買おうとしてる。私にとっては、**人生の選択として、地球や環境にやさしい暮らしをすることは大切**なんです」

冷蔵庫はほとんど空だった。チルド室には、大きな袋に入った古いフェタチーズが残っていた。彼女はにおいを嗅《か》いで「オエッ。たぶんこのチーズ腐ってる。これが大量買いの弊害よね？」と言って、冷蔵庫のドアを閉めると首を振った。一瞬、笑顔が消え失せた。「最悪の気分」

「でもね、食材の無駄ってけっこうよくある話よ」と私は言った。「**店で買って、家に持ち帰る食材の3分の1は捨ててる**って話があるぐらい」

ドリは唇をきゅっと結ぶと「それって地球にやさしくないわよね」と、きっぱりと言った。そして彼女は長い間考えていた。そして明るく振る舞った。「冷凍庫、見てみる？」

オーガニックのハンバーガー、ラップで包んだ鶏《とり》むね肉、そして、中身が何かも思い出せない、様々な食品が入ったビニールの袋。私たちが訪問した他の人たちと同様、**冷凍庫は〝忘れ去られた食材の地〟となりやすい**のだ。

「食べ残しも1日だったらいいんだけど、2日目になるとちょっとね。だから、いいや、凍らせちゃえって思うの。結局、100年ぐらいそこに冷凍されっぱなしになるわけ」

地球にやさしい食生活

私たちは、彼女が〝残念なオーブン料理のエリア〟と呼ぶ、食品棚のチェックをはじめた。「オーブン料理はめったに作らないから、何があるのか忘れちゃって、同じものを買っちゃうんだ」と彼女は言い、その証拠として、棚から砂糖が7キロも出てきた。

夕食にはいつものメニュー、瓶入りトマトソースのパスタを作ってくれた。彼女はこのメニューを最低でも週に数回は食べるそうだ。お湯が沸騰《ふっとう》するのを待つ間、母親の料理のレパートリーのほとんどが肉の蒸し焼きとタコサラダだったことを私に話してくれた。「寝ても覚めてもタコサラダばっかり」とドリは言った。「家族一人ひとりが自立した生活だったの。父は建築関係の仕事だったから、帰宅時間が決まっていなかったしね」

ドリは、実家を離れてひとり暮らしをするまで、母親の料理が、ある意味退屈なものだということに気づかなかった。「母はうまみ調味料を使うこともあったわ。そういえば、お金に困っていたときは脱脂粉乳なんてものも使ってた。たまに、なにもかも手作りするときがあったけれど、それ以外は冷凍食品が多かったかな」

ドリはたっぷり3人前ほどのパスタをボウルに入れた。「私がパスタばかり食べているる理由は、時間がかからないから。失敗しないから。何も考えなくていいから。でも、もう少し選択肢が欲しい。ちゃんとした料理ができる大人の気分を味わいたい。キッチンに立つと、まるで子どもみたいな気分になることがあって。一体何をやればいいのか見当もつかない。冷凍庫のアーティチョークのつぼみはどうしたらいいっていうのよ」

ドリは古い習慣（買い物は独身時代から倉庫型ディスカウントストア）に依存している人、そして新しい習慣（もっと野菜を食べる、もっと頻繁に料理をする）を受け入れることに苦労している人のように思えた。どちらもけっして悪いことではないけれど、どうすれば双方を両立させ、彼女の哲学に合った地球にやさしい食生活に適応させる戦略を練ることができるのか、私は考え込んだ。

第11章　ミニマルに買うことはスマート

レッスンのハイライト　残り物を使うと節約になるし、世界を救うこともできる。

大量の食品を廃棄する国家

ロンドンで暮らした4年間、私は伝統的なサンクスギビングディナー〔収穫を祝う感謝祭・サンクスギビングデーの夕食〕を毎年開いていた。私たちアメリカ人は最も厳格なクリスチャンの7つの大罪のうちのひとつ、暴飲暴食でこの日を祝うのだ。

サンクスギビングには面白い話がたくさんある。多くの人が夕食の内容を本気で考える数少ない機会だし、動物を丸焼きにし、多くの食べ物を手作りし、残り物の再利用がよき行いとされる。休暇でのこのような経験は、祭日の本質なのだ。テーブルセッティング、マッシュポテト作り、パイ焼きと、誰もが役割を割り当てられる。

食品の値段を嘆いても、アメリカの消費者たちは、給与から食品に費やす費用が世

界の他の国々に比べて低いことをほとんど意識していない。その金額は給料の10パーセント以下である。１９００年当時には、食費に使われていた額が収入の40パーセントほどだった。ところが、１９６０年頃になると、食費は最も大きな支出ではなく、その割合は25パーセントほどになっていた。農業行為の産業化と、私たちが食べるすべての食物——豚、牛、オレンジジュースまで——が、大量生産製品となることで、コストは削減される。

投資額の低さが、食物への尊大な態度の要因となったのかもしれない。年に一度、収穫には感謝するけれど、それ以外の時間、**アメリカは国家として、消費を見越して生産された食物の40パーセントを無駄にしている。**人類学者のティモシー・ジョーンズは十年以上をかけて、食物の廃棄について調査してきた。彼の調査で、作物の一部が、そのまま廃棄されたり、成長はしているのに収穫されないままの状態で廃棄されていることがわかった。

スーパーマーケットや食品供給業者は、その他にも数パーセントの食物を売り物にならないとして廃棄している。そして、残りの25パーセントから30パーセントは我々が家庭で廃棄しているのだ。捨てられた食品は、メタンと、一酸化炭素より毒性の高い温室効果ガスのにおいを放出しているごみ廃棄場で腐敗させられる。

「食べられるものを廃品として扱うことで、私たちは若い世代に食べ物には価値がないと教えこんでいるようなものである」と『アメリカ、無駄をする国——食物を半分近く廃棄するアメリカ（*American Wasteland: How America Throws Away Nearly Half of Its Food [and What We Can Do About It]*）』（未邦訳）の中で、ジョナサン・ブルームは記している。**私たちは年間で1000億ドルの食品を廃棄している**と彼は算出する。メンバーとのインタビュー、キッチン訪問、そして私自身の自宅で、そして友人たちの家で廃棄している食品を考えると、この数字は納得のいくものだ。何を買って、何を食べて、何を廃棄したかを、2週間にわたって日記につけることに同意してくれたメンバーが数人いた。結果？　書き記さなければならないとわかっていることに対する罪悪感から、廃棄した食品の量は少なかったけれど、彼女たちが食費として使った金額の18パーセントほどがゴミ箱に消えていった。

理想の生活を夢見た結果

でも、なぜ私たちはこんなにも食品を無駄にするのだろう？　ジョーンズもブルームも興味深い洞察を示している。

まず、**私たちは、自分たちのリアルな生活のために買い物をするわけではなく、自**

分が理想とする生活を想定して買い物をするのだそうだ。誰だって果物と野菜が体にいいことは知っているから、腐りやすくてもストックする。1週間分の食事を計画して買い物をする人なんてほとんどいないから、農産物の直売所ではとてもきれいだったビーツや緑黄色野菜は、インスタント食品を食べている間、ずっと冷蔵庫に入れっぱなしになってしまう。しっかりと計画を立てれば、まとめ買いや半額セールでの買い物は大きな節約に繋がるのだが、なんの計画もなしに買い物をすれば、2倍も3倍も捨てることになってしまう。バーモント大学のトルーベック博士は家庭調理活動について何年にもわたり研究を重ねている。彼女曰《いわ》く、**調理という行いで、最も足りていない技術は、包丁の使い方ではない。「私たちに最も欠けているのは、献立を計画的に組み立てる技術です**」と彼女は言った。「その技術、それから、残り物の再利用の技術ですね」幸運なことに、私は両方の課題にぴったりなふたりの人物を見つけ出した。

　このプロジェクトに参加してくれるメンバーを探すため、私はラジオ番組にゲスト出演した。セレブリティシェフのトム・ダグラスとティエリー・ロートローの番組だ。番組が放送されてから1週間後に、ティエリーがメールをくれた。「君のプロジェクトに興味があってさ。何か手伝おうか？」ティエリーは『冷蔵庫の中身は何？（What's in the Fridge ?）』というラジオ番組のホストを務めている。ティエリーに電話をしてきたリスナーが彼にキッチンにある食品を教えて、ティエリーがおすすめメニューを指南するのだ。ティエリーはほんのわずかなアボカドから大量のズッキーニ、そして七面鳥半分といった食材を使って作る、ありとあらゆる料理をリスナーに教えてきた。残り物の使い方を教えることができる人物がいるとしたら、それは彼だ。

フランス男と残り物の話

ティエリーはキッチンに半ズボンと派手なシャツ、そしてビーチサンダル姿でやってきた。高価なシェフジャケットは肩にかけられていた。

「来たぜ！」彼はニッコリと笑って、両手を広げながらキッチンに入ってきた。上品なフランス男の雰囲気を全身にまとったティエリーは、あっという間にキッチンにいた全員の心を持っていった。「お嬢さん、カクテルはあるかい？　今夜は仕事が休みなんで」

ジェフとマイクがテーブルとイスを動かして即席のデモンストレーションエリアを作ると、ティエリーが最初の残り物作品を披露した。残り物のウォッカ、ベルモット、そしてライムで作った、ピッチャーいっぱいのカクテルだった。彼は自分でグラスに注ぐと、ぐぐっと飲み干して、舌鼓《したつづみ》を打った。「あー！　うまいねえ！　さて、残り物の話をしようか！」

　彼にとって、メンバーに食べ物の無駄を減らす方法を教えるのは、とても個人的なことだ。彼は牛や鶏が人間よりも多いような地域、フランスのミュスカデ地方で生まれ育った。彼の家族は自分たちで育てたものしか口にしていなかったので、いちばん年上の子どもとして、食事の手伝いをするのは決まってティエリーだった。彼の家族が肉を食べるのは週1回だけで、それは、普通は日曜日だった。**彼にはお腹《なか》を空《す》かせていた頃の思い出がたくさんあるという。14歳になり、見習いとして地元のレストランに勤めだし、その経験が彼をフランス全土からシカゴへ、そして最終的にシアトルへと導いたのだ。**

　セレブシェフを先生として迎え、メンバーたちは友だちや家族を連れて大挙して現れた。人々が入ってくると、ティエリーはシェフジャケットをシャツの上に羽織り、再びカクテルを飲み干した。「シェフは水分補給しないとね」と言いつつ、2杯目を注いだ。

私はみんなを歓迎した。「紙オムツは必要ないわよ。今日は見学するだけだからね」全員が席に着いた。

「でもアタシ、ティエリーさんに包丁を見てもらいたかったのにぃ」と、サブラはがっかりした声で言い、ジェンの隣に座った。

デモンストレーションテーブルにいたティエリーシェフが手を叩《たた》いた。直後、彼の首筋に汗が流れた。キッチンは500度もありそうな暑さだったのだ。

古い食材は放置された請求書

「記録的な暑さだから、コンロに火はいれないよな？」とティエリーはいたずらっぽく言った。「『冷蔵庫の中身は何？』という番組のコンセプトは、どんな家庭でも、そして僕の家にもある、とてもシンプルなアイデアをベースに作られているんだ」レシピにある材料を買い求め、そしてすべてを使って料理をしない。あるいは様々な食べ物が少しずつ残ってしまう状態だ。こんなわずかな残り物は捨てやすい。

「アメリカでは大きな冷蔵庫が使われている。中身はパンパンに詰まってて、ドアを閉めることだってままならないぐらいだ。ぎゅうぎゅうに詰まった冷蔵庫の中身を見て、ヤダ、食べるものがない！　って考えるんだ。オレはいつも、何を待ってるんだい？　って思うわけさ。君にサンドイッチを作って差し出してくれる誰かの手かい？　でもね、**生きていくうえで学ぶべき最も大事なこと、それは、自分自身を、そして、自分の周りにいる人間を養う方法、栄養を与える方法なんだよ。**オレはそれを35年間やってきた。オレがまだ39歳だってことを考えると、まったくすごいことだと思うんだよ、ほんと！」

　彼は冷蔵庫と冷凍庫の奥にお気に入りの写真を貼るといいと教えてくれた。「写真を見たいけれど見ることができないんだったら、買い過ぎだよ。冷蔵庫はそこまでいっぱいにしてはいけないんだ」

　レストランのローテーションでは、古い食材を先に使うことはよく知られている。家庭で料理する人たちも、その方法を学ぶべきだと彼は言った。「パプリカは３つじゃなくて、ひとつ買うことにする。じゃがいもは３つ買って、１・５キロは買わないこと。そうすれば無駄が減るし、料理人として助かるはずだ」

「**冷蔵庫に入れている食材が少ないことは、よい料理が作れるということだ。代用しなければならないからね。**ピーマンがないわ、でも、ええと、待って、ズッキーニがあるじゃない、よし、それで作ってみよう。こうやって学んでいくんだ」

私たちは簡単に食材をあきらめ過ぎているのだ。たった1カ所の、切り取ることができるくぼみが原因でリンゴを丸ごと捨ててしまう。「なんだか今日はフニャフニャに見えるズッキーニがあるって？　これって請求書と同じだぜ。無視すればするほど状況は悪くなる。よくなることはない。1週間後、君がそれを捨てる頃には、もっとフニャフニャになっているんだ」

食べ残しを捨てないためのアイデア

ティエリーには基本となる考えがあった。「**スープは残り物を最大限に利用できる料理だ。夏には冷たいスープが最高だね。冬は熱々のスープさ**」彼はありとあらゆる野菜を冷蔵庫から引っ張り出すのだ。「玉ねぎ半分を茶色くなるまでキャラメライズする。それから残り物の野菜を加えて、水とストックを入れる。あっという間にでき上がるよ」サラダもお気に入りらしい。「簡単だし、料理っていうほどの料理でもないだろ」それを頭に入れて、私たちは冷蔵庫に向かった。

全員がイスから立って、かっこいい業務用冷蔵庫へと歩いていった。この時点で、私とリサで各クラスから出た残り物を冷蔵庫の中に集めておいたのだ。そして私たちは、メンバーにも家で出た残り物を持ち寄るように頼んでいた。サブラは食べ残したチーズバーガーとポテトを持ってきていた。固茹《かたゆ》での卵を持ってきた人、チキンサラダの残りを持ってきた人もいた。

「ワオ、めいっぱい入ってるぞ！　今夜は〝コション〟みたいに食べるぜ！」と、マッシュルーム、バジル、にんにく、卵、レモン、パプリカ、赤玉ねぎ、チーズ各種を手で触れながら、フランス語の〝豚〟という言葉を使ってティエリーは言った。「たのしいな、でもこれって家にある食材よりもずっと量が多いだろ。家にあるものっていうのは、こういうのが多いんじゃないかな」と彼は、残り物のチキンサラダを手にとって言った。「ああ見てくれ、ズッキーニがある」

　メンバー数人が視線を交わした。「私たち、ズッキーニは相当刻んだもので」と、テリが言った。

　ティエリーはトマトで手を止めた。「ウソだろ、冷蔵庫にトマトかよ」ヤバい。トマトを冷蔵庫に入れたのは私だ。「トマトは絶対に冷蔵庫に入れちゃダメだ。なぜだかわかるかい？」と彼は全員に聞いた。

　トリッシュが手を挙げた。「えっと、味が悪くなるからですか？」

　ティエリーは彼女を指さして、両手を合わせて同意を示した。「そうさ！　レモンだって冷蔵庫には入れないほうがいいんだ」

彼は再び冷蔵庫の中身に集中しはじめ、ほとんど空になったマスタードの瓶を取り出した。そしてメンバーの方に向き直った。「最高。これってすごくいい。ほとんど空になったマスタードの瓶に、レモンを少し加える」彼はボウルに入れていたレモン半分を取り出した。「それからオリーブオイルを少し入れて瓶を振る。ほらでき上がりさ。ビネグレットだよ。酢やキャノーラオイルを入れてもいいね。家にある物を入れればいい。それが、この取り組みの本質だ」

彼はパセリの束を見つけて再び手を止めた。「**葉野菜はお花のブーケみたいに保存する。茎を水に入れておく。こういうパセリの束だよ。**わかる？」彼は様々な野菜を持ち上げて見せた。「これは大変な量だな。だからこれでペストソースのようなものを作るのさ。一緒にオリーブオイル、にんにく、それからクルミを入れて、フードプロセッサーで混ぜる。そしてキューブトレイに入れて凍らせる。これで野菜の氷のでき上がりさ。茹でて湯切りしたパスタの中にこのキューブを入れてもいいし、蒸し野菜とか焼き野菜に合わせてもいい。これで君もマーサ・スチュワート〔米国のカリスマ主婦〕だ！」

ドリは「それって鶏肉の味付けに最高だと思うわ」と、気づいたようだった。

買い物の目安は2日分

ティエリーは食材の発掘を終え、選んだ食材をデモンストレーションテーブルに運び、全員が再び席に着いた。リサは氷の入った水を持ってきた。キッチンの外では車の騒音がとてもやかましかったので、ティエリーの声が聞こえるようにドアを閉めていたのだけれど、暑さが我慢できないレベルになっていた。ティエリーは私たちにドアを開けるように言い、大きな声で話した。

「たくさん買いたくなるよね。でも、我慢しなくちゃだめだ」と彼は言った。「2カ月先まで食べられるほどのフルーツなんて買わないこと。**2日分買えば十分だ。買うことができるといっても、それは買うべきという意味ではない。**ラズベリーの入った箱、すごく美味しそうだよね。でも、あれは量が多過ぎる。全部使おうと思ったら、プランAとプランB、それからプランCまで必要になる。僕らは、塩漬けや瓶詰めの美学を失ってしまったんだよ。それから収穫という概念すべてをね」と彼は言った。「食べ物には旬《しゅん》があるけど、僕らはもうそれを感じない。昔はめいっぱい収穫して、何年も保存するという伝統があったのにさ」

もし買い過ぎてしまったら、自宅で〝個別冷凍（IQF：Individually quick frozen）〟をすればいいとティエリーはアドバイスしてくれた。トレイにベリーや野菜を並べて冷凍する。凍ったら、プラスチックの袋に入れておくのだ。「1月にパンケーキ用に使ったら、また夏に逆戻りできるよ」彼は再び冷たい飲み物を口にすると、紙オムツで顔を拭《ふ》いた。

メンバー全員が小さなメモを手にしていた。彼はそれに気がついた。「君たち何か書いてるね。さあこれが宿題だ。家に帰って冷蔵庫を開けてみてくれ。全部引っ張り出してみて欲しい。本当に腐ってしまっているものだけを捨ててくれ。そして残ったもので、何を作るか計画してみるんだよ」

スーパーでの購買欲求

ティエリーのやっていることを真似《まね》るのは、少々難しいことだと、私にはわかっていた。でも、**そもそも、大量に無駄を出さないように購入するのが、献立を考えること**なのだ。だから次の週の授業のゲストに、私はもうひとりのスピーカーを招くことにした。スーパーマーケット専属シェフ、ジェニーだ。

ジェニーは調理師としてのキャリアをレストラン勤務からスタートさせた（一時期はトム・ダグラス・シェフと働いていたこともある）。しかし彼女は家庭料理にもっとインパクトを与える仕事に就くと決心した。前職では、高級食料品店でシェフとして働き、ショッピング客と日々交流を重ねていた。食材の調達にスーパーを利用する人が大半を占める。ジェニーはスーパーの仕組みを隅々まで熟知していた。

「スーパーマーケットの隅から隅まで、ひとつも無駄にせずにいいとこ取りするのが、私の作戦」と彼女は言った。「なりゆきに任せちゃダメなの」

　私たちが複雑な小売り店の迷路に迷い込んだネズミのようなものだと気づく人は少ない。**スーパーは、買い物客の行動パターンを調べるために大金を費やしている。**すべてが目的をもって行われているのだ。店内に流す音楽から、セールを知らせるチラシのフォントの大きさも、すべて計算ずく。例を挙げよう。スーパーは少し肌寒い場所だということに、あなたはきっと気づいているだろう。私は昔、それは食品を保存するためだと思っていた。でも実際は、それはあなたの食欲を刺激している。寒さが食欲を刺激するのだ。空腹を感じている状態だと、たくさん買ってしまう。スーパーに入ってまず最初に辿《たど》り着くのは青果コーナーだ。食品を手に取る間に、あの明るい色合いが買い物への欲求を高めていく。牛乳、小麦粉、シリアルはいつも必ず離れた場所に置かれている。なぜか？　スーパーはあなたが時間をかけて歩き回るように設計されているからだ。食料を探すために長い時間迷路を歩き回れば歩き回るほど、あなたは衝動的な買い物をしてしまう。食品製造業者は、目線の高さにある特別な棚への陳列のためにお金を払っているのだ。シリアルの棚の場合、子どもの目線の高さがいちばん高額の棚だ。

「なんでシリアルの置いてある通路が大嫌いなのか説明がついたわ！」とシェリルが言った。「本当にうんざりするのよ。子どもが『ねえこれ買ってよ、ママ、だってシンデレラの絵が描いてあるのよ？』って。私いつも、それってどこにあったの？　全然見えなかったわって思ってた」

「食品メーカーは、陳列棚の末端に置かれている、特別な棚にもお金をかけてます。それは〝エンド〟って呼ばれて、知られています。通常、そのエンドには、安くなった商品を置くのですけれど、そうじゃないときもあるんです。**最もお得な商品はエンドにはほとんど並んでなくて、通路の角のあたりに置いてあるんです**」とジェニーは言った。

テリは頷《うなず》いてメモを取った。キッチン訪問のとき、テリは買い物が大嫌いだと言っていた。「自分が買い物上手だって感じたことなんて一度もないわ」と彼女は言った。

「スーパーに行って帰ってくると、なんでこんなに時間がかかったんだろう、なんでセールだと思って買ったものがセールじゃなかったんだろうって考えていたんだけど、やっぱりセールじゃなかったのね」

食費節約にいちばん効く方法

ティエリーと同じく、ジェニーも冷蔵庫から残り物を取り出してきた。ティエリーはフランスの見習いシステムの厳格さから学び、ジェニーはその学位を評判の高い地元のコミュニティ・カレッジで取得していた。とはいえ、ふたりのメッセージはほとんど同じだった。

「節約したいのならば、賢く食べることですよね。まとめ買いをしない、セール品を買わない」とジェニーは話しはじめた。**「食費を節約するのにいちばん大切なのは、食べ物を無駄にしないことなんです。**保存のきく食品はまとめ買いしてもいいですよ、でも生ものは最小限に留めて、その代わり頻繁に買い物に行くようにするんです」

賢い買い物ができる人は献立を立てて、完璧《かんぺき》に作り上げたリストを使う。そして基本となる食料はストックしている。たとえば献立は、〝火曜はツナのキャセロール〟といったようにきっちりと立てなくてもいい。ただ、もっと自由な形で、1週間で5から6種類の献立を決めればいいのだ。

「いつも同じものを定期的に食べても問題はないですよ。ゴールは自分自身が、そしてあなたのそばにいる人たちがちゃんとした食品を食べることですから。週末に料理をして、平日に残り物を消費するのがいいと思います。残り物を食べることに抵抗がないのであれば、あなたが普段食べる倍の量を料理して、それをランチ用にとっておくんです。または、自分が食べる量の倍を料理しておいて、週に1回ご近所さんにお裾《すそ》分《わ》けしてもいいですよね。そしてあなたもお裾分けしてもらうんです」

「何も作る予定がないという日のディナーの場合、私はお客さんに、冷蔵庫の中に少しだけ残っている食材を使いきる、手軽で簡単な方法を考えてもらうように言います。ほとんど料理なんてしなくてもいいんです。私はその簡単料理を〝やけっぱちディナー〟って呼んでます」

やけっぱちディナー

まずは全粒粉のパンを用意する。「ナンとかトルティーヤでもいいですよ」残り物の中から、彼女はモッツァレラを少し、刻んだトマトを少し、ひよこ豆、刻んだ赤玉ねぎ、パプリカを選び、パンに載せた。その真ん中に卵をひとつ割り入れた。**「私は訓練を積んだシェフですけど、普段頻繁に使っている調理器具ってわかります？**　実

はトースターなんです」

彼女はパンをトースターの中に入れた。残り物のハム、パルメザンのスライス、ねぎのみじん切り、ズッキーニ、それからスライスしたマッシュルームを使って、3種のトーストを作って見せてくれた。そのすべてに彼女は卵を載せて、トースターに入れていった。焼き上がって卵白と卵黄に火が通ると、オリーブオイルで軽く和《あ》えた両手いっぱいのルッコラをふんわりと上に載せた。「野菜を使い切ることができる簡単な方法ですし、子どもはピザっぽいものが好きですよね。トルティーヤとかパンは保存がききますし、冷凍できてさっとレンジにかければすぐに使えますから」

次に彼女は〝やけっぱちパスタ〟を見せてくれた。彼女はまず、水に塩とこしょうを加えた。そこにパスタを入れ、グツグツ茹ではじめた。次にブロッコリの上の部分を少し切って、にんじんをピーラーでスライスした。「にんじんをこうするの、好きなの。すぐに火が通るし、いい差し色になるでしょ」パスタが茹で上がると、茹で汁にブロッコリとにんじんを入れた。2分後、野菜の水を切ると、パスタと一緒にボウルに入れ、すり下ろしたチーズを加えて和えた。「さて、いまからオリーブオイル、それから酢だけを加えてみます。そして、塩こしょうがさらに必要か味見してみますね。酢の効果って思っているよりもすごいんですよ。味付けになるし、カロリーもないし、保存がききます。本当に便利な食材なんです」

ジェニーはディナーのコンセプトを〝レイヤー〟だと表現した。たとえば、彼女の娘が最初のレイヤーである、すり下ろしたチーズ、それからブロッコリの少し入ったパスタを食べるとする。ジェニーと夫は、松の実、刻んだチリ、野菜、ソテーした海《え》老《び》、その他を加えて、そのパスタを完成させればいいという考えだ。**「もし子どもに好き嫌いがあったとしても、完全に違う献立を作る必要はありません。大人に合うように発展させていけばいいのです」**

買うべきものを選ぶコツ

私たちは〝やけっぱちピザ〟と〝やけっぱちパスタ〟を味見した。みんなが食べている間に、彼女はショッピングにまつわる戦法を教えてくれた。**強い味のついている食べ物のリストを作り購入する。そうすれば食品庫で長く保存ができるということだった。**たとえば、ケーパー、アーティチョークのつぼみ、豆、乾燥マッシュルーム、オリーブのような食品だ。**基本的な食材はまとめ買いをして、生鮮食品は使い切ることができるようになるまで最小限に抑え、できるようになれば足していくこと。**「食材は、新鮮かどうか、旬を迎えているかどうか、それからセールかどうかを考えて買うことにしています。買い物するときは必ず丸鶏を買います。各部位に切り分けることもあるけど、だいたいローストチキンにして夕食にします。チキンに関してはいくらでも料理できますよね。サラダ、パスタ、ブリトー、チキンポットパイ、リゾット。リストはいくらでも続くわ。それから最後にチキンスープにする。このチキンスープだっていくらでも利用できる」

「ああ、それからバジルの苗は絶対におすすめよ」とジェニーは言った。「いつも買うハーブは、キッチンの窓ぎわで育てることを考えてみてください。ハーブの苗はスーパーで買うハーブのパックと同じ値段で売られています。必要なときにさっと使えばいいってわけ」

ティエリーと同じく、彼女も冷蔵庫に残ってしまったものを使う努力をすることを勧めていた。「こう考えてはどうかしら。**冷蔵庫を開ける。合いそうな食材を3つ選ぶ。それから、信頼できるレシピサイトでレシピを検索する。もしまずかったとしても、気にしなくていいじゃない、たかが1回の食事ですもん**」

ジェニーはひとつのメッセージでその夜のクラスを締めくくった。「**食物を考えた**

ときに、あなたにとって何が価値のあることなのか、何が重要なのかはっきりとさせる必要があります。安さ？　それとも楽しい気持ち？　すごく美味しい高級なステーキで大盤振る舞いするのもいいけど、その値段で3回食べられますよね。**重要なのは、食べ物をお金と思うこと**なんです。5ドル札をゴミ箱に投げ捨てられる？　無理よね？　レタスやきゅうりをゴミ箱に放り込むっていうのは、同じことなんですよ。そういうことなんです」

食材はお金

　シャノンはたくさんメモしていた。彼女は1カ月に約700ドルを食費に使い、その金額はアメリカ農務省の試算によれば、4人家族が費やす額に近い。それなのに彼女は、予算を増やす方法ばかりを考えていた。「クラスで学んできたことは全部役に立つけれど、特にこの残り物の活用方法は本当に私にとっては大切よ。私はいままで、冷蔵庫のドアを開けて、そこに入っていた食べ物を使って何かを作るなんてできた例《ためし》がなかった。何をしたらいいのかわかっていなかったから、食べ物が腐っていたと思うの。今日のクラスは全部本当に役に立つわ」

ジェニーのクラスが開かれた日の翌朝、私は冷蔵庫の中にあった調味料や野菜入れにあったくず野菜も含めてすべて引っ張り出してみた。クラスで使ったキッチンでポストイットがたくさん使われていたのを覚えていたので、各食材の値段を見積もり、ポストイットに値段を書き込んで貼《は》り付けていった。2週間のうちに、捨てなければならなくなったものはポストイットを外して、それを棚のドアの内側に貼り付けた。

やりはじめてすぐに、物を捨てることができなくなってきた。私の考え方はこう変わってきたのだ。「あ、ダメダメ。このパプリカにくっついてるポストイットを棚にくっつけるのはイヤ。うーん、どうしよう？」

2週間の挑戦が終わるまでに、私は約16ドルの食べ物を捨てた。いつもよりは少ないけれど、それでも満足することはできなかった。罪深き無駄は、何が材料なのかわからないフムス、夕食の食べ残し、レッドグレープの袋の残り、タッパーに残ったメスクランのサラダ、ほとんど使わなかったサワークリームのパック、茶色くなったライム半分、チキンサラダの食べ残し、手作りパンの種に押しつぶされた、レストランから持ち帰ったサンドイッチ半分、嫌なにおいのするブルーチーズの塊だった。でも、この取り組みが、捨てていたかもしれない食べ物を私に消費させたのは確かだ。パンの残りはパン粉にしたし、ホースラディッシュの瓶の残りはマヨネーズに混ぜてサンドイッチに塗ったし、黒くなってしまったバナナはピュレにしてアイスっぽくしたし、しなびたにんじんとねぎは無理やり冷凍庫に入れたし、シワシワのリンゴのかけらは焼いてブラウンシュガーと一緒にオートミールに混ぜたし、半分残ったアボカドはオリーブオイルと発泡水とホイップしてドレッシングにした。ひとつかみの枯れかけのほうれん草は、ジェニーの例の〝やけっぱちピザ〟となった。

少ない材料でたくさん作る面白さ

　このプロセスで、私はドリス・ジャンゼン・ロングエーカーの『より少ない材料で、よりたくさん料理する本（More-with-Less Cookbook）』（未邦訳）を読みはじめた。これはとても古い料理本で1970年代にメノナイト中央委員会により出版され、いまだに読まれている本だ。最初の章で、4色刷のチラシが新しいレシピカードに添えられていた様子を彼女は綴《つづ》っている。それには「いままでよりもずっと、料理が簡単で楽しいものに！」と約束されていた。その広告は彼女の感覚を刺激したようだ。「この広告は、再び私たちの食べるという行為を、〝非日常的な経験〟に仕立て上げた」と彼女は書いた。

　これを読んで私は、古いフード系雑誌に掲載されていた〝クイックディナー〟を思い出した。海老カレー、モロッコ風ラムチョップ、地中海風魚介類のソテー、ビーフステアフライ、ホタテ貝のにんじん添えなどがラインナップされていた。横に掲載された**ショッピングリストには50種を超える食材が書かれていた。**もちろん、書かれた食材の中には、必需品としてストックしているものがある人もいるだろうけれど、そのレシピをより詳しく見てみるといろいろとわかってきた。もしこのレシピをすべて作るとすると、残り物としてキャベツ半分、ココナツミルクの缶が半分、コリアンダーがたくさん、パセリ、バジル、その他の食材が残ってしまう。**それでは、その残った食材を、正確にはどうして処理するっていうの？**

　ロングエーカーの見解を考えたとき、なぜ私はそれほど残り物を出してしまうメニューを料理するのだろうかと考えた。ラム肉とホタテ貝と牛肉と魚と海老を5日で食べる人がどこにいるんだよって話じゃないの？

　シェフのティエリー、スーパー専門家のジェニー、そしてロングエーカーは、それぞれが核心を突いていた。食品棚を探し回って、私はオーガニックのにんじんが1キロ入った袋を見つけた。それには4ドルと書いたポストイットを貼っていた。玉ねぎが半分。ローズマリーがキッチンカウンターに。ローズマリーとにんじん？　こうやって無理やり作ろうと思わなければ、この組み合わせはなかったなあ。結果として、私はいい香りがして、とても美味しい冷製スープを作り上げた。メンバーがクラスを通じて何を学んだか私にはわからなかったが、私自身はとても大事なことを学んだ。

私たちはもっと少ない食品で、もっとたくさん作ることができるのだと。

キッチン初訪問⑩シェリル　もてなしが缶入りスープの女

　32歳のシェリルは4歳と生まれたばかりの男の子ふたりの母親だった。彼女の家は、シアトル北部の郊外にある。見晴らしのよい水辺の入り江近くの、美しい山々を望む高級住宅地だ。
　物静かで痩《や》せていて、大きな茶色い瞳《ひとみ》が印象的な彼女は、カナダの辺境の町出身だった。オーガニックフードを好み、いちばん近いコープまで45分かけて買い物に行くということだった。

　それなのに彼女は、私たちが訪問した日、広々として清潔で、大きな御《み》影《かげ》石《いし》のカウンタートップのあるステンレス製のキッチンで、缶入りスープを作ったのだ。私が彼女にスープを手作りしたことがあるかどうかをたずねると、彼女は作り笑いをした。

「いいえ。えっと、そうね、1回だけ。でもまずかったから二度と作らなかった」

　参加者全員が辿り着きたいゴールは、明らかに漠然としたものだった。その点シェリルは明確だ。

「私は、冷蔵庫を開けて、中を見て、あるもので何か作ることができる人になりたい。いまはとにかくそれができないから。そんなのまるで魔法のようだわ」

キャスリーンのレシピ④　忙しいあなたのためのこねないパン

　このレシピは陶製のパン焼きプレートの使用を想定していますが、浅型の鉄のスキレットでも同じ結果が出ています。もちろんクッキングシートの上で焼いても構いませんが、スキレットを使用する場合に比べれば、茶色い焼き色とサクサクとした食感は出にくいかもしれません。

材料（500gほどのパン4個分）

・温かい水　720㎖（37度ぐらい）
・イースト　大さじ1と2分の1
・粗塩　大さじ1
・乾燥タイム、ローズマリー、エルブ・ド・プロヴァンスなどのハーブ　大さじ1
（なくてもよい）
・無漂白小麦粉　900g

・打ち粉　適宜
・コーンミール　適宜

生地を準備する

ハーブを加えた水、イースト、塩をプラスチックのフタ付きコンテナ（大）の中で混ぜ合わせる。一度に小麦粉を入れ、木べらで生地がベタベタになるまでかき混ぜる。乾いた部分が残らないように、しっかりかき混ぜること。コンテナにフタをする（ラップでもよい）。そのとき、きっちりと密閉しないこと。室温で2時間ほど発酵させる。すぐに焼かない場合は、フタやラップをした状態の生地を冷蔵庫で保管することもできる（最長2週間）。

成型

①生地の表面に軽く小麦粉を振る。グレープフルーツの大きさほどをコンテナから取り出す。小麦粉をふりかけながら、マッシュルームの傘を作るイメージで、生地を内側に巻き込みながら丸く成型する。コーンミールを振った（小麦粉でも可）まな板やクッキングシートの上に生地を置き、再び発酵させる。このとき、生地にはなにもか

ぶせないこと。最低でも30分、可能ならば90分発酵させる。生地は少し膨らむ。

②焼きはじめ20分前から、オーブンを２３０度に予熱。オーブンの下段に耐熱容器（ボウル、バット）を設置する。陶製のパン焼きプレートかスキレット（クッキングシートでも可）を上段にセットする。

焼く

生地にたっぷりと小麦粉を振りかける。生地の真上に包丁で切り込みを三本入れる。予熱が済んだオーブンに、生地を滑り込ませる。オーブン下段の耐熱容器に沸騰《ふっとう》したお湯を２５０㎖入れる。オーブンを閉め、蒸気を閉じ込める。30分ほど焼き、生地が茶色くふっくらと焼き上がったらでき上がり。

第12章　ひとさじのスープの愛

レッスンのハイライト☞サパーとスープは同じ場所から来たんだって。

ラスト・レッスン

母はよく、水を沸騰させることができたら、スープを作ることができると言っていた。ティエリーはスープのことを残り物の救世主と言った。このプロジェクト開始直後から、残り物で冷蔵庫がいっぱいになることはわかりきっていたので、最後のレッスンはスープにすると決めていた。

メンバーが紙オムツをつかんでエプロンを身に着けると、全員がこの夜が最後のクラスになることを残念がっていた。「毎週会えなくなるなんて、なんかすごく変な感じ」とジェンが言った。私は全員に自宅のキッチンの様子を聞いてみた。

「最近は栄養についてよく考えるようになったわ」とドリが言った。「箱、箱、箱の夜を経験して、私、全部処分することに決めた。もうインスタントを食べるのはやめるって決めたんだ」

この言葉が多くの会話を引き出した。「私、自分がこうなるとは思っていなかったのだけれど、私もそんな感じになってきてる」とジョディは言った。「この前パンケーキを焼いたのだけれど、ラベルを見てみたの。基本的には小麦粉と水素化油、コーンシロップ、それからベイキングソーダだった。そのとき、私はこれを本当に自分の息子に与えたいのか？　って考えた。それで料理本のパンケーキの作り方を見てみた。え、こんなに簡単なの？　って思ったんだよね」彼女は小麦粉に牛乳と卵を加えて、熟したバナナを一緒に混ぜたそうだ。息子がそれを喜んで食べたと話したときの彼女の表情は明らかに誇らしげだった。「あの子ったら、『ママ、このパンケーキはとっても美味《おい》しいよ！』って」

シェリルは今日も赤ちゃんを連れていなかった。すべてのクラスの中でも、今回のクラスが彼女にとっては大切なのだと打ち明けた。私たちがキッチンを訪問したとき、彼女はランチに缶入りのスープを作ってくれたのだ。「缶スープは山ほど買いますね」と彼女は認めていた。オーガニック系のスープは高価なうえ、塩分が添加されていることが多い。**「スープの作り方をマスターしたい。そうすれば買う量を減らすことができるから。いままでの料理クラスのことを考えると、スープの缶を開けることがか**

っこ悪く思えちゃって」

スープが怖い！

「私が初めて料理の仕事に就いたときのことなんだけど、1年間延々とスープを作っていたの」と、リサは語りはじめた。彼女はランチタイムのシフトに、業界40年の経験があるシェフと一緒に入るように言われたそうだ。彼のスープに対する一見したところなげやりな態度が印象的だった。ブロッコリがしなびてる？　彼はブロッコリのクリームスープを作って見せた。キャベツが山ほどある？　彼はリサにキャベツを刻むように言い、そこにハム、白豆、そしてにんじんを入れた。リサが働きはじめて数日後に、そのシェフは突然解雇になった。料理学校を卒業して1週間で、彼女はたったひとりで64席あるレストランのランチシフトの責任者となってしまったのだ。

「パラシュートでジャンプする方法が書いてあるリストだけを持って飛行機から飛び降りた気分っていうのかな」とリサは言った。たったひとりで働くことになった初めての週、朝のうちにやっておくことが山ほどあるなかで、「本日のスープ」を考えなければならなかったのだ。彼女は大型冷蔵庫の中に、シーフード料理用タイカレーのベースを見つけた。そしてそれをチキンスープで薄めたらしい。なんということでしょう！　ただのソースが、濃い目のスープになったではありませんか！

　クビになったシェフの代わりが入ってこないと理解し、残りの仕事にすべて対応できるようになったのにもかかわらず、彼女はスープについて悩むようになっていた。

「スープなんて、基本的になんでもいいってところがめちゃくちゃ怖かった」とリサはメンバーに話した。彼女の醸《かも》しだす緊張感が部屋中に伝わった。リサは料理学校の教科書で勉強したり、レシピを見たりして、スープへの恐怖を克服しようとした。

「でもキッチンへ行って材料が足りないことがわかると、パニックになってしまった」

　すると友だちが彼女にレズリー・コールとボブ・スピーゲルの書いた『毎日のスープの本（The Daily Soup Cookbook）』（未邦訳）をプレゼントしてくれたそうだ。このシンプルに記されたレシピ本には２００種ものスープの実践的レシピが、トマト、玉ねぎ、あるいはオクラのように、材料別、テーマ別に分けられて掲載されていた。彼女はクラスのメンバーにボロボロになった本を見せた。

「死にかけの材料をカウンターに載せて、この本を最初から最後までめくって、ぴったりとくるレシピを探したわ。ミネストローネとかトルティーヤ・ライムスープなんてのも作ったけど、でもレシピ通りにはいかなかった。ひき肉はあるけどソーセージがないとか、ソーセージはあるのにチキンはないとか」最初は、四角い材料を丸い穴に無理やり通すようなことにショックを受けた彼女だったけれど、材料をどう置き替えようと、材料の味が合ってさえいれば、結局いつもスープはでき上がることに彼女は気づいたのだ。

「本日のスープ」は彼女の料理人としての見識を変えた。**「あの材料の置き換え作業が私に教えてくれたのは、レシピとかしきたりの奴隷《どれい》にならなくてよいということ」**とリサは言った。**「それと、とっても大切なことも教えてくれた。スープを作るために材料は買わなくていいってこと」**

残り物でスープを作る

それを念頭に、全員が冷蔵庫をあさって、野菜や、私が前日に焼いた鶏肉《とりにく》の残りを引っ張り出してきた。「スープは基本的に同じ手順で作ります」と私ははじめた。**「まずは香りの出るものをソテーします。**普通は刻んだにんにくとかねぎになります。次に野菜を入れて、そして、肉、調理に時間がかかる家禽類《かきんるい》を入れます。次にストック、または水を入れます。ここで塩を少し、それからハーブとスパイスを入れるのがいいでしょう。**最低でも1時間は煮込んでください。**スープに美味しくなる時間を与えてあげるのよ」調理に時間がかからない蟹《かに》や海老、それからパスタは最後に入れる。

「そして味見をします。塩を加えたり、味が引き立つために必要な何かを加える。それはレモンかもしれないし、酢、もしかしたらにんにくのみじん切りかもしれないし、ハーブかもね」クルトンやすり下ろしたチーズといった付け合わせは美味しいけれど、不可欠というわけではない。

鍋《なべ》をふたつ用意し、メンバーをチーム分けして残り物からスープを考えるよう促した。最初のチームはチキンヌードルスープに決めたようで、別のチームはミネストローネのバリエーションにしたようだった。にんにくとねぎをソテーして、各チームが最初の味のレイヤーを作った。チキンチームはにんじんとセロリ、生のコーン、それからひと握りの生のタイムとパセリを結んだ束を入れ、そこに残り物のチキンを入れた。ミネストローネチームはズッキーニ、パプリカ、カリフラワー、にんにく、赤唐辛子のフレーク、トマト缶、そしてパルミジャーノ・レッジャーノの皮の部分を入れた。

「ローストチキン2分の1羽分でどんなスープでも作ることができますよ。買ったものでもいいし、自分で焼いたものでもいいけど、そこからはじめるんです。簡単で手間がかからないし」とリサが言った。「キッチンの収納スペースにストックするものを基本的な食材にしておけば、最小限の努力で超簡単スープを作ることができます。トマト缶、ココナツミルク、カレーペースト、米、パスタ数種、乾燥豆、ベーコン、生のハーブ、ストック、玉ねぎ、にんじん、セロリ、乾燥したチリ。だいたいこんな感じかしら。それが私の収納スペースの中に置いてあるものよ。これ以外のものは補助的な食品ですね」

退屈なスープと最高のスープの違いは、調理時間の差であることが多い。スープは必ず1時間は煮込まなくてはいけないし、普通は2時間だ。すべての食材の味を引き出すには時間がかかる。「ぐつぐつと30分沸かしまくって2時間煮込んだのと同じだとか、料理の法則を変えることはできないからね」と、リサは言った。

賢い料理人のスープストック

スープストックの概念について考えはじめた私たちは、煮込みがはじまった鍋の場所を離れた。ちょうどいいタイミングで、テッドがふらりとキッチンに入ってきた。「ストックについて語る会が開かれてるって聞いたんだけどさぁ」と彼は言った。テッドはスープストックマニアだ。彼はかつて、ストックについて２０００語の長ったらしい文章を書いたことがある。

私は彼を招き入れた。「**ローストチキンの特別ボーナス。それがストックです**」と私は言った。「鶏の骨と野菜を一緒に煮込むだけ。1羽の鶏で数リットルのストックを作ることができる。2ドルから3ドルのお金を1リットルのチキンストックに払うと考えると、骨を捨てないほうがいいと思えますよね。ストックに使う野菜については、切れっ端とか、いつもだったら捨てるようなかけらでいいんです。セロリの硬いところだとか、玉ねぎの皮とか長ねぎの上の緑の部分とかね。そんなのを全部入れてしまっていいの」

「……ってことは、基本的にタダってことか」とサブラはコメントした。「それって最高なんすけど」

　ローストチキンを使ったスープは簡単で時間も短縮できるスープだけれど、その原理はすべてのストックと同じである。「さて、骨からはじめましょうか」

　週末、私は〝チキンストック用〟と書かれたプラスチックのバッグと、〝ビーフストック用〟と書かれたプラスチックのバッグを冷凍庫の中から回収した。自分で解体した鶏であろうが、ピリ辛の鶏手羽であろうが、レストランの残り物であろうが、私は絶対に骨を捨てない。

　クラスがはじまるすぐ前に、私とマイクは近所の友だちと一緒に「スペース・ヌードル・レストラン」で食事をした。マイクとマイクの友だちのビルは、その日のおすすめ、『フリントストーン』スタイルの、肉から骨が突き出した７００グラムのステーキを注文した。私がその突き出していた骨を持ち帰りたいと言ったとき、店の男性は私をおかしな女を見るような目で見た。それでも彼は快く骨を包んでくれて、持ち帰り用のバッグに入れてくれた。エレベーターを待つ間に、イタリア人の給仕長が袋の中身を聞いてきた。彼はぱっとうれしそうな顔をして「**君って賢い料理人だね。誰も骨を持って帰らないのを僕は不思議に思っていたんだよ！　うちのおばあちゃんなんて、こんな骨のためならなんだってするよ**」

腐ってなければオーケー！

私は小さな鍋に骨を入れた。オーブンで骨を焼いたことによる成果を見せつけるようにしたのだ。鍋から突き出た鶏の骨はバリバリとして深いマホガニー色で、キャラメライズされた茶色い香ばしい液体を鍋に注ぎ込んでいた。牛の骨は乾燥し、ほとんど炭化したような感じで、まるで山火事になったばかりの山の木のような姿だった。

テッドが説明をしはじめた。**鶏、牛、仔牛《こうし》、その他の肉をベースにしたストックの作り方は、基本的にすべて同じだ。**「鶏肉と野菜を一緒に煮込む。これがホワイトストックとして知られているものだ」とテッドは言った。「でも、あらかじめ骨をローストしておくと、より多くの味が得られる。オーブンを２００度ほどに熱するんだ。ゴールは骨を少しキャラメライズすること。30分から45分で十分だよ。ストックのにおいがしはじめたら、うまくいっている証拠だ」

「茶色く焼き上がった骨を鍋に入れて、冷たい水を入れる。骨を焼いたときに使ったバットやスキレットに水を足すのはいいアイデアだ。そこに残ったものを溶かしてくれる」とテッドは言った。「それでスキレットがきれいになるし、ストックの味をより引き立ててくれる。それから鍋に野菜を入れる。通常は玉ねぎ、にんじん、それからセロリだ。割合は、だいたい１・５キロの骨に５００グラムの野菜だと覚えておいてくれ。ベイリーフ、タイム、それからパセリを加える。こしょうの実を丸ごと入れるのを好む人もいるし、にんにくを入れる人もいるね」

ポイントは〝骨がすべてを出し切るまで〟煮込むこととジュリア・チャイルドはかつて記していた。鶏肉は、だいたい4時間、牛肉の場合はその倍の時間だ。

テッドは調理道具のなかからレードルを手にすると、重要なテクニックを披露した。まず、ストックの表面に浮いている油の部分をすくい取ると、ぐつぐつと沸く灰汁《あく》に挑んだ。「こうやって**すくい取る目的は、表面の灰汁や脂分《あぶら》を取り除くこと**なんだ」とテッドは言った。「ストックやスープにとって、これをやるとやらないのでは大違い。脂っこいストックは作りたくないからね」

　テッドは肉がベースのストックについて、いくつかポイントを挙げていった。「ぐつぐつ茹《ゆ》でないこと。それをやると濁ってしまう。まずは水の温度を高くしておく。それからふつふつと泡が立つぐらいにまで火を落とすんだ。塩は入れない。水が蒸発すれば煮詰まって、塩の味が強過ぎることになりかねない」

　リサが話をするためにスープの本を持ち込んでいたからということで、私はデボラ・マディソンによる『みんなのためのベジタリアン料理（Vegetarian Cooking for Everyone）』（未邦訳）を開いた。菜食主義に凝っていたとき、私は野菜のストックを作るようになっていて、それは習慣となって続いていた。「**野菜のストックも同じ方法で作ります。まずは野菜を焼いてそれから30分ぐらい煮込む。**この本には野菜のストックについて書かれたすごくいいセクションがあるから見て欲しいの」私はページをめくってその部分を見せた。「ここには、季節による野菜の使い切り方がすべて書かれていて、ステアフライ用のストックとかカレーとか、マッシュルームのストックとかトマトのストックなんてものについても書かれています。キャベツとかビーツとかブロッコリなんていう、味の強いものは避けなくちゃならないけど。この著者は『臭かったり、腐っていたりして食べない野菜は使わない』なんて書いてるわ」

魚のフュメ

次に私たちは魚のストックに作業を移した。フランスでは〝魚のフュメ〟として知られていて、チャウダーやシーフードの皿の共通の基礎となるものだ。私は約1キロの魚の骨を1ドルで近所の魚屋さんから買ってきた。細くて折れやすい骨格から、より大きな魚の太い骨まで、様々な骨の寄せ集めだ。

「多くのレシピが貝のブロスを必要とするけれど、フードライターがみんなに本当に使って欲しいのは魚のストックよ」個人的に、私は貝のブロスが大っ嫌いだ。スーパーに並んでいる貝のダシは揃《そろ》いも揃って塩辛い。「安いものでも3ドルで250ミリリットル。ということは1リットルで12ドル。白身の魚には強い味は必要ないでしょ。サバやサーモンはダメ」私は玉ねぎ、セロリ、レモン半分、ベイリーフ、そしてパセリの束と魚の骨を、冷たい水が入った鍋に入れた。

「海老、蟹、ロブスターの殻で同じようにできます。私は時々アメリカイチョウガニの殻を近所の魚市場で調達するの。タダだし、シチューにぴったりだもん」と私は言った。

一緒になって、テッドと私でぐつぐつと音を立てていたチキンストックを漉《こ》した。

「大きな鍋だったら、まずは骨をトングで取り出して、それからレードルで液体をすくい出して」彼は、チーズクロスを敷いた漉し器を大きなボウルの上にセットし、レードルでストックを漉していった。「これは伝統的な方法だけど、コーヒーフィルターをセットした漉し器でも大丈夫だよ」チキンのあとは、魚のフュメを漉していった。

「私、これ絶対にダメだわ」と、フュメについてドリが発言した。「もちろんチャウダーなんかにはいいんだろうけど、私には魚くさ過ぎる」サブラが頷いた。サブラも好きではないようだった。

熱いストックが入った鍋はゆっくりと冷えていき、食品衛生上で〝危険なゾーン〟と呼ばれる温度である、4度から60度のあたりに長い時間留まる傾向にあった。「危険なゾーンからいち早く抜け出すように、ストックを素早く冷やさないといけない」とテッドは言った。「いくつか方法はある。シンクの中で、氷で冷やしながらかき混ぜる方法、それから浅いバットに注いだり。あるいは、80度ぐらいになるのを待ってから、氷を袋に入れて、それを直接ストックに入れてしまったり。いずれにせよ、**部屋の温度、あるいはそれより低くなったら、すぐに冷蔵庫に入れて欲しい」**

シャノンは一時中断を求めた。「ええーっと、ちょっとわからなくなってきた。ストックとブロスの違いってなに？」

「**ストックは骨から作るけど、ブロスはそうじゃない。**技術的に言えば、ベジタブルストックというものはありえない。でも、違いがわかる人なんてそうそういないから、多くのストックがブロスって呼ばれたりもしてる」

「いままでずっと知らなかったわ」とシャノンは言った。

私たちはスープに戻った。チキンチームはパスタクラスの残り物のパスタをひと握り、細かくしたローストチキン、そして刻んだ生のパセリとオレガノをスープに加えることで作業を終えた。ミネストローネチームは刻んだトマト、レッドビーンズひと缶を加え、各ボウルにパルミジャーノ・レッジャーノのすり下ろしと刻んだバジルを加えた。

ズッキーニに乾杯！

外灯の明かりがキッチンにはいってきた。全員がスープを吸い込んだ。リサは冷蔵庫から発泡ワインを1本取り出した。彼女が大げさにコルクを抜くと、私たちは全員で乾杯した。

「これはあなたに」と、ドリはリサとテッド、そして私に言い、私たちはグラスをならして乾杯した。

「あなたたち全員に乾杯。そしてズッキーニを刻み続けたあなたたちの意志に！」と私は言った。

カンパーイ。

「ズッキーニに乾杯！」

カンパーイ！

「紙オムツに！」

カンパーイ！

私たちが汚れたキッチンを片づけはじめ、メンバーが嫌々エプロンを外して紙オムツを手放したとき、ムードはなんだかほろ苦くなった。

メンバーが帰り、リサ、テッド、そして私はキッチンの最後の片づけをした。私はひとりで残ってモップがけをすることにした。キッチンでたったひとり、明るい黄色のローラーに灰色の編み糸のモップを通して水を切ると、黒白のタイルを磨いていった。完全にリズミカルな動きとともに、禅モードに入っていたとき、電話が鳴った。

チキンスープの愛

「エディーなんだけど」と、聞こえたのは母の声だった。

私の義理の父のエディーは、様々な慢性疾患に過去何十年も悩まされてきた。最近受けた手術ですっかり体力を失い、それ以来体調は悪化の一途だった。その日の朝、父は転んでイスを壊してしまったそうだ。母は45分かけて父を立ち上がらせた。**救急治療室の医師はエディーを肺炎と診断した。それは満身創痍《そうい》の78歳の男性にとっては、深刻な病気だった。**

今回は、母の声に以前とは違うものを感じ取った。極度の疲労感だ。エディーは1週間、ほとんど眠ることができていなかったという。彼の面倒を見ている母が同じ状況だということは、私にはわかっていた。「ママ、帰るわ」と私は言った。母はその必要はないと言い続けた。私は電話を切ってマイクに連絡を取ると、床のモップがけを終えた。家に戻るまでにマイクは次の日の朝に故郷へ向かうための切符を手配してくれていた。

フロリダでは、救われたような母の表情がすべてを物語っていた。母はまるで何歳も年をとってしまったかのように見えた。エディーのやせ衰えた姿には、ショックを受けた。そもそも細身の男性だが、10キロ以上痩せてしまい、両頬が不健康にくぼんでいた。私は彼をハグしながら、「エディー、何をしてあげたらいい？」と聞いた。

彼は「何か作ってくれないか？」と言った。「いまじゃ移動もままならないよ。行くところといえば処方箋《しょほうせん》を持って立ち寄る薬局ぐらいさ。いまの楽しみは食事だけなんだよ」

その週、私は妹のサンディーと丸2日かけて、たくさん料理した。ミートボール入りスパゲッティにはじまり、ビーフシチュー、グラタンまで作った。スープのクラスを終えた直後だったので、母の冷蔵庫をすっかりきれいにして3種のスープを作った。それにはエディーの大好きなチキンヌードルも入っていた。妹のサンディーはエディーが大好きな料理、伝統的なサンクスギビングディナーを作り上げた。七面鳥、グレービーのかかったマッシュポテト、そして手作りのスタッフィングだった。私たちはすべてに念入りにラベルを貼って、ふたり分に分けて冷凍した。2カ月は食べることができる量だった。

これをしたことで、疲れきった母は買い物と料理から解放された。体を休めることができたのだ。空港へ向かう前、エディーは私をしばらく抱きしめた。そして食事について感謝してくれた。**「ひとくち食べるごとに、君の僕らへの愛を感じることができたよ」**

シアトルへ戻る飛行機の座席に座って、私は思いを巡らせていた。栄養を与え、慰め、そして癒《い》やす料理の力のことを考えていたのだ。私にとって今回の訪問は、この1年で4回目の、問題を抱えた人の冷凍庫へ料理を届ける行為だった。マイクの姉は乳がん治療のために抗がん剤の投与を受け、友人の夫は脳腫瘍《のうしゅよう》を摘出し、私たち夫婦の友人であるエミーは息子を出産した直後に命をも脅《おびや》かす合併症に苦しんだのだ。

とてもシンプルな行いだけれど、体調を崩している誰かにチキンスープを持っていくことは、ただの食事を運ぶという意味以上に、その人のことを思っていると、全身で表現できる行為なのだ。鶏肉を買って一からスープを作れば、チキンスープの缶を持っていくこととは違う意味になる。**「あなたのことはとても大事なの。だから私はあなたを立て直すことができるように、頑張ってきたわ」**と伝える行為なのだ。テレビ番組で流される、あらかじめ録音された笑い声と一緒で、缶入りスープでは生の声が伝わらないことがあるのだ。

第13章　キッチン訪問、再び

レッスンのハイライト☞メンバーが学んだこととは。

食習慣は変えられない？

9月初旬に最後のクラスが終わった直後、私の知り合いががっかりするような言葉をフェイスブックでシェアした。それは、彼女のお爺《じい》さんがかつて言っていた言葉だそうで、「誰かの食べ方を変えるより、改宗させるほうがラク」というものだった。「プロジェクトが失敗したとしてもあなたががっかりしないようにシェアしたんだけど」と彼女は言った。アンフレンドした。

夏の間はよい兆《きざ》しが見えていたものの、この会話には、この後悩まされた。もしこの時間と努力が何も変えなかったとしたらどうしたらいいの？（当然、私以外の人も時間と努力を費やしているわけで……）私はサンクスギビングが終わるのを待った。最初の訪問のときと同じように、私たちはメンバーの棚を検査して、普段作っている料理を作ってもらった。実際に何が起きているかを見たくて、少し時間を置いて訪問したかったのだ。

サブラはいま

初めて彼女のキッチンを訪問してから6カ月後、サブラの暖かいキッチンにリサとサブラの父親と一緒に立っている間、外ではひどく冷たい11月の風が吹き荒れていた。サブラの父は私たちと同じように、何が起きるか興味津々《しんしん》だった。サブラは最近いくつも手に入れたキッチンの道具のひとつ、新しい平鍋にキャセロールをセットしていた。「インスタントのキャセロールからヒントを得たの。チェダーチーズとじゃがいものキャセロール。ブロッコリとベーコンも入ってるよ」と彼女は言い、それをオーブンに滑り込ませた。「インスタント数箱分のお金で12人分のキャセロールを作ることができて、味も比べものにならないぐらい美味しい。それも、何が入っているのかちゃんとわかるしね」

私は彼女に、**クラスから学んだいちばん大切なことはなんだったのか聞いてみた。**「**自信かな**」**と彼女はすぐに答えてくれた。**「いまはレシピを見れば作れると思うようになったし。昔はそんなこと思えなかった」彼女はカウンターにあった万能包丁を、とても大事なものに触れるようにして手にした。「包丁を使う技術を学んだことですべてが変わった。前は、切らなくちゃならない材料を見て、料理が怖くなっていたけれど、いまは全然。切るのなんてむしろ楽しいもん」

私たちに冷凍のラザーニャとガーリックブレッドを半年前に出した若いサブラは、いまでは冷凍のインスタント食品が並ぶスーパーの陳列棚の前で夕食を探さなくなった。このプロジェクトが成功したとするのなら、この点を挙げていいだろう。

「もし私が家で料理をしたら、私と彼用の食事がいつも家にあるってことじゃない？　それはいいことだと思う。すぐに食べられるという点ではインスタントと変わらないよね。ただ自分で作っているというだけで」

インスタントの冷凍食品を避けているだけではなく、サブラは他の習慣も変えていた。より頻繁に買い物をするようになり、近所にある農産物の直売所に野菜を買うために立ち寄るようになったそうだ。食品を買うときはいつも、２回分の食事内容を思い浮かべて買うようにしているという。

テイスティングのクラスで彼女がそこまで本気になったようには見えなかったけれど、彼女はあのテイスティングでパワフルな影響を受けたのだと話してくれた。「あ

のテイスティングで、なぜ私は買うのかということを、本当にしっかりと考えた。少し高いお金をかけてでも本物のチーズを買えって言うでしょ。でも、自分で実際に味見をするまで、それが価値のあることだと理解するのは不可能だった」

　マクドナルドへの欲望も抑えることができているという。「ちゃんとした食事をしたあとにファストフードに行くと、感じるんだよね。胃にずっしりとくる感じ。私の体が、ちょっと、ちょっと、ちょっと、いまのは何……？　こんなものいらないよって言ってる声が聞こえるの」彼女は胃の辺りを押さえつつ、うなり声を上げた。

「私がこうなることができたのは、**料理に私の時間を費やす価値があるから**」と彼女は言った。「手作りのストックは基本的にタダだし、それを使っていろいろなものを作ることができる。包丁の使い方をクラスで習いはじめてから2回指を切ったけど、それも価値があった」と、そう言って彼女は笑った。「鶏肉のクラスはすごかったわ。だって私、鶏肉が怖かったんだもん。あのサルモネラの件でね。正直に言うよ、初めて丸鶏を解体したときも怖かった。でもあの体験が私の食べ物への考えをいろいろな意味で変えてくれた。あなたは正しかった、それがかつて鶏であったって、あの作業があるから覚えていられるんだ」

これだけ変化があったとはいえ、彼女があきらめられないものもあった。それはガーリックブレッドとその上に載っているものだ。**「でもこれって、思い出の部分がほとんどだと思うの。母と私が子どもの頃によく食べたものだから。でも、いまはいいチーズを使ってるわよ。缶詰めのじゃなくて」**

サブラは、この機会を喜んで受け入れて、見事に変わって見せてくれた。それをすべて考えると、子どもの頃の味を懐《なつ》かしがるサブラを、誰が責めることができるのだろう？　もちろん、私にはそんなことはできなかった。

トリッシュはいま

初めてトリッシュのキッチンを訪れたときの様子をマイクは録画していた。今回はリサが私と一緒に来てくれた。

彼女は今回の訪問ではとてもリラックスした雰囲気を醸し出していた。「そうね、私の中で変わったことに比べれば、料理の変化なんてたいしたことないわよ」と彼女は話しはじめた。**「昔に比べたらずっとリラックスしてるし、自分に厳しくなくなったの」**

彼女はバインダーの中のレシピを例に挙げた。〝アペタイザー〟と書かれたバインダーを出すと、ページをめくりだした。「これをまとめるのにすごく苦労していたのに、実際にこのレシピから作ることはあまりなかったのよね。ちゃんとでき上がらなかったらどうしようって、すごく怯《おび》えていたし、怖かった。だから、見るだけだった。でもいまは、実際にこのレシピで料理を作っているんです。ノートを書いて、あまり好きじゃないもの、失敗したもの、捨てたものを記してるの」

「ということは、失敗したレシピも取ってあったということ？」と私は聞いた。彼女は頷《うなず》いた。「なぜ？」「レシピに問題があるはずはないから、何か問題があったとすれば、すべて自分に原因があったと考えていたから」と彼女は説明した。これが彼女を大きな発見に導いた。「**私にはヘンな精神的なプレッシャーがある。私ができることなんて、取るに足らないことだって考える癖がある。**それに母は料理が嫌いだったから。母は自分のことを料理下手だと思っていたし、私もそれを吸収してしまっていた」と彼女は言った。「**自分のことを最高の料理人とは思わないけれど、でも、いまの私は料理ができる。もう怖くないんです**」

　トリッシュは、濡《ぬ》れたキッチンタオルを注意深くカウンターに敷き、その上にまな板を置いた。彼女は新しい包丁を2本見せてくれた。1本は7インチの万能包丁でもう1本は、日本スタイルの三徳包丁だった。三徳包丁は刃の背に丸みがあり、刃のくぼみが小さいのが特徴だ。彼女は野菜の切れ端用に金属のボウルを置いた。「たとえ**ば野菜くずのためにボウルを置くなんていう、小さなことが大きな変化を生んだんです。**キッチンはいつもとてもきれいだし、整理《せいり》整頓《せいとん》ができているという気分になるものね」

彼女は玉ねぎを完璧《かんぺき》に刻んだ。そして6リットルの容量のあるステンレスの鍋に向き合った。最近彼女が購入したもののひとつだ。彼女は熱した油の中に野菜を入れた。「ああ、それからまだあるのよ。私、ストックを作ってるんです」冷蔵庫を開けて、丁寧にコメントが書かれた、青いチャック付きのプラスチックバッグをいくつも見せてくれた。彼女はひとつ取り出した。「トリッシュ、すごいじゃない！」と私は言った。彼女は誇らしげだった。

彼女は夏以降、努力してきたことをすべて見せてくれた。「いまでも鶏を切るのはすごく下手。でも、作業は大好き」彼女は肉のクラスでキッチンを早めに離れたことを後悔していた。「私、ちゃんと授業を受けるべきだった。煮込み料理のことをもっと学びたかったもの」

再び、彼女は美しい食器類でテーブルをセットしてくれた。テーブルの中央には銀のパン用バスケットが置かれ、完璧なまでにアイロンがかけられた布ナプキンが敷かれていた。シチューはあっさりとしていたが風味があり、コリアンダーがそれを引き立てていた。寒い、雨降りの日には完璧なランチだった。デザート用にオーブンで焼いてくれていた、ナシのタルトのタイマーが鳴った。「この前焼いたときに、友だちの家に持っていったの。彼女はこれに完璧に合う長方形の銀の皿を持っていたから、すごくきれいだった。みんな『トリッシュ、あなたって料理上手なのね』って言ってくれた」

「下らないことかもしれないけれど、私にとっては特別な瞬間だった。私は自分が作ったものに誇りを持てた」思い出しながら話す彼女の目には涙が浮かんでいた。「まさか私があんなに美しいものを作ることができたなんて。自分だって信じられなかった。**私の年齢でも、変わることができるなんて素晴らしいことだわ。この年になっても、自分を驚かせることができる**のよ」

ジョディはいま

ジョディに初めて会ったとき、彼女は突然一時解雇された専業主婦の状態だった。

その秋、彼女は職場に復帰しており、3歳児との生活に右往左往しつつ、新しい職場での期待に応《こた》えようと努力していた。彼女が再び働きだしたと聞いたとき、プロジェクトで彼女が得た勢いのようなものが、消え失《う》せてしまったのではと心配した。**彼女のキッチンに入ってすぐに、私は心配する必要はないことを悟った。ジョディは興奮を抑えきれないようだった。**まるで秘密があって、それを私たちに話したくてたまらないといった様子だったのだ。**ルーで日本式のカレーを作ったあの日の彼女から感じた、打ち負かされたような雰囲気からは、明らかに何かが変わっていた。**

ローストチキンを焼く予定だと私たちに言った彼女は、笑顔で、リラックスしていた。残り物の用途を考えることが、趣味になったそうだ。「鶏肉のクリームソース煮込みを作ったんだけど、もう最高に美味しかった」と彼女は興奮して言った。「フレッシュトマトソースもよく作るの。でもそろそろひと休みしないと、夫も息子もうんざりしてるかもね。でも、私は好きよ」

オーブンの中で焼かれているパンのにおいがしてきた。ジョディは冷蔵庫のドアを開けて見せてくれた。パンの種が入ったプラスチックの入れ物が真ん中に置いてあった。

「最近では全粒粉と小麦粉を合わせたバージョンを焼くようになった。息子が好きだし、私も焼くのが好きだから。温かいパンをオーブンから出すのはなんだかご褒美《ほうび》みたい。それに、仕事の後でも週に何回か焼くことができるし」

彼女は誇らしげに『料理の喜び（*The Joy of Cooking*）』（未邦訳）という料理本を見せた。

「今年の夏、私の料理と栄養に対する考え方が完全に変わった。とくに加工食品に関しては……。いままで1回も作ったことがなかったレシピを、山ほど作ってみたわ。それに、いまはオーガニックのものを多く買うようになったし、商品のラベルは必ず読むようになった。勘違いしないでね、だからと言って**マヨネーズを手作りするなんてことはしてないから。でも私もかなり進歩したでしょ**」

私が前回訪問したときは、小さな食品庫に、缶や箱に入った食品ケースが、床から積み上げられていた。今回は整理されて、機能的になり、超加工食品であるマカロニチーズの箱の姿が消えていた。

冷蔵庫の中身も同じように整理されていた。冷蔵庫のドアポケットにはパセリのペストが入った瓶が置かれていた。シェフのティエリーが教えてくれたアイデアを使ったのだ。

在庫のチェックは終了して、彼女はまな板に戻った。丁寧にローズマリーの葉を枝から取ると、にんにくをみじん切りにして、話をしながら自然に鶏肉に塩こしょうをした。まるで何年もそうしているかのようだった。それでも、ジョディは彼女の母が植えつけた、ジェンダー的役割に自分の身を投じることを恐れていた。ジョディはそれを自発的な奴隷人生だと考えていたからだ。

「私も夫もそれがパートナーシップだと納得していれば、料理をすることなんてたいしたことじゃないわ。それが私だけの仕事じゃなかったらね」とジョディは言った。

「正直なところ、いまでは料理をするのが好きになったけれど、そうだとしても、私がやらなくてはいけないのではなくて、先に家に戻った人がやる仕事と考えるべきだって思う」

興味深いことに、彼女がキッチンに関心を持ったことが、夫が料理をしていたときに家庭内に存在した、扱いにくいパワーバランスを崩し、家庭内での平等な地盤を彼女に与えていた。

最近彼女は、スキレットの底に食品がこびり付くような料理をしてしまったそうだ。夫はスキレットを洗いながら、文句を言い続けたという。「私、『たいしたことないわよ。ディグレーズすればいいじゃない』って言ったの。そしたら夫は、『なんだって？』って返したのよ。だから私、『スキレットを熱して液体を入れるのよ。そしたらあっという間に剝《は》がれるから』って言ってやったの」

「それで、すごく面白い話があるんだ」と、彼女はさっと話題を変えた。「市販のルーを使わない日本式カレーのレシピを探したの。でも、私が質問した日本人は全員あのルーを使ってるのよ！『ねえ、あのルーに何が入ってるか知ってんの？』って言いたかった」と彼女は笑った。「だからアジア人のフードライターの友人に聞いてみたの。彼女、それはすごくいい質問だって思ったみたいね。調べてくれるらしいし、レシピのテストも手伝おうって思ってるわ」

いまでも日本製のカレールーを使っているとはいえ、以前よりは考えるようになったし、使う回数も減らす努力をしている。「バカみたいに聞こえるとは思うけど、でも箱に入っているものは、自分には作ることができないものだと考えていた。でも、いまでは箱の中のものは、本物の食品のマネだということがわかった。だから箱に入っているのであれば、必ず本物を作ることができる。日本の素敵なレストランに行けば、同じようなカレーを食べることができて、それは本当に美味しいのよ。だから、それがいまの私の目標。**あのルーなしで、同じカレーをいつか作ってみせるわよ！」**

ドリはいま

ドリは低所得者層が住む街から、緑の多い都会的な雰囲気の地域にある、居心地のよいマンションに引っ越していた。「最高なこと？　道を挟んだ向かいにシーフードマーケットがあることかな」と、シアトルでいちばんとされるシーフードの店を指して彼女は言った。

ドリはとても幸せそうでリラックスしていた。体重も少し減ったように見えた。以前の、ひとりが入れば他は誰も入ることができないという狭さのキッチンに比べて、新しいキッチンはとても広く、豪華で、開放感があった。深い色のメイプルウッドのキャビネットとステンレス製の機器が揃っていた。「最高。目が覚めてこう考えるんだ。ああ、私、ここに住んでいるんだって。すごく大人な気分」

ひとり暮らしをする人の多くにとって、自分のためだけに料理をするのは大変だとドリは以前言っていた。**「プロジェクトは、料理をするために時間をかけること、それから正しく料理することの重要性を教えてくれた」**と彼女は言った。**「それに、私**

の献立の決め方、キッチンにストックする食品の選び方を完全に、完璧に変えてくれたのよ。大げさに聞こえるのはわかってるけど、でもこれは真実なの」

　ドリはキャビネットを開けて、オイルと酢のコレクションを自慢げに見せてくれた。「私がクラスで学んだことのなかで、いちばん大切だったのは、**特別に何かを買いにいかなくても、家にあるものを使えばいい**ということ。私、ドレッシングのバリエーションなら延々と作ることができるようになった。以前は蒸し野菜をそのまま食べていて、全然美味《おい》しくなかったし、ウキウキするものでもなかった。でもね、いまでは、あ、何を混ぜたら実際に美味しくなるかな？　って考えるのよ」

　フレンチドアスタイルのステンレスの冷蔵庫の中身は、他のメンバーの冷蔵庫の中身と似ていた。水の入ったコップに挿した束ねた野菜、そしてプラスチックのコンテナに入ったパン種だった。「決まった献立のために買い物をするというよりは、基本的な食材を買うようになったわね。基本的な食材っていうのは、玉ねぎ、にんじん、セロリ、にんにく、レモン、ライム、それから調味料って感じかな。いつでも使えるようにしてる」と彼女は説明した。「これがあったらなんでも作ることができるって感じがしてるから」

　これは、彼女の以前の買い物スタイルからは、かけ離れている。ドリは、ティエリーの言葉を頭の中でくり返し、決断をしたのだという。**「腐りやすいものを目にしたら、考える。これを買ったら、どうやって2日間で調理するの？　って」**

　話をしつつ、ドリは夕食のしたくをスタートさせた。買ったばかりの万能包丁を使って、落ち着いた動きでカレー風味のきゅうりサラダ用の野菜を切り、とても美味しそうに焼き上がったパンをオーブンから出した。数カ月前のドリは、疑い深い目で鶏肉をつついていた。でも、この夜のドリは、鶏肉の背骨を取りのぞいて蝶々《ちょうちょう》のように肉を開いて平らに置くことで、より早く、平均的に、鶏肉全体に火が通る〝スパッチコック（鶏肉の下ごしらえ）〟テクニックを実演してくれた。

「面白いね。クラスで鶏肉を見て、全然うれしくなかったことを覚えてるのに」と彼女は言い、「いまでは慣れっこって感じよね？」

　ドリは平日に1回しっかりと料理をして、日曜日にスープを作るそうだ。残り物で、最低でも4日は食べることができる。残り物のない日は、いつも冷蔵庫に入れている基本の食材で、簡単なサラダ、サンドイッチ、パスタなどを作るということだった。

「いまでも自分ひとりのために料理するのには苦労しているし、ひとり分の正しい量

についてもまだ勉強中。残り物はたくさん出し過ぎないようにはしているけど。2日や3日は平気だけど、4日目ってねえ？　4日目はちょっと無理よ。だから、残り物を全部出して職場に持っていくことがあるの。誰かに『ねえ、チキンいる？　ランチあげるわよ』って」

明るくて笑顔の絶えない姿に隠れて気づかなかったが、ドリの中では、人生を急速に変えたいという生まれ持っての欲望が深く進行していた。**「食べ物にどうやって向き合うか、私自身も変わる必要があることはわかっていたのだけれど、ただ、それをどうやってやればいいのかわからなかったの」**

アンドラはいま

12月、空港近くのアパートで私たちと会ったときのアンドラは、落ち着いて見えた。以前より元気そうで、顔が少しほっそりとしたようだった。私がちょっと痩《や》せたようだと彼女に言うと、アンドラは笑った。「そんなこと言ってくれてやさしいのね！　何十キロも痩せたとは言えないけど、食生活は変わったと感じてるわよ」

プロジェクトの終了後、アンドラは多くのフルーツと野菜を食卓に加えて、頻繁に料理するように努力を重ねた。「いつも通りお金に余裕はないのだけれど、状況は変わってきている。というのも、いまは以前よりも働いているから。もちろん、休みのときはお金がないけどね」彼女は車のかわりに公共の交通機関を使っている。「1日で10回ぐらいバスを乗り換える日もある。とても疲れるけど、それも私が選んだことだから。最近では列車に乗ることもあって、楽しいわよ。でも、移動が多くて、家に戻るとくたくたになってしまう日もあって……」

日々の移動がバスによる複雑なものだという理由で、最近は移動中に食べやすいサンドイッチや軽食を主に食べているという。アンドラは、以前はよくランチを食べていた、安価なハンバーガーショップは避けているそうだ。「ファストフードはお得じゃない。食べてもすぐにお腹《なか》が空《す》くし、食べたあとに気分が悪いの」**彼女は注文の列に並ぶ時間と、家でサンドイッチとリンゴをランチ用に準備する時間を計り、並ぶほうが時間がかかることを知った。**「より安くて、より早くできて、より健康的。ただ、計画が必要なだけだよね」

アンドラはメンバーの中で最も多くクラスを休んだ。それがとても残念だった。というのも、私たちの会話から、彼女が出席できたクラスから多くを学んだことがわかったからだ。他のメンバーも言った通り、包丁の技術を学んだクラスが最も役に立ったようだった。最後のクラスの少し後に、彼女は初めてローストチキンを焼いたという。「私と猫だけだったけれど、あの子、本当に好きだったみたいよ！」

彼女の食品棚の中は以前に比べて物が入っている状態だった。全粒粉のパスタとトマト、豆、それからスープの缶も入っていた。ランチ用に使う卵に入れるためのハーブは、いちばん小さな袋に入っているものを選んだ。「**シェフが言ったことを考えるようにしてる。何もなかったら、オムレツを作ればいいっていう言葉よ。**以前に比べてスクランブルエッグを作るようになったけれど、オムレツはもっと食事っぽいよね」私とリサは、彼女が卵をボウルに割り入れる様子を見た。素早くかき混ぜて、塩こしょう、タイムを少々加えて、そしてそれをフライパンに流し込んだ。真ん中にすり下ろしたチーズを少し加えて、オムレツの形にまとめて、皿に移した。パーフェクトだった。

初めての訪問のときに彼女が作ってくれた、超加工食品のピザからは、このオムレツはかけ離れたもので、私は驚いてしまった。「**食費には多くをかけられないから、できるかぎりお得な買い方をしないとね。いまは以前よりも料理をするようになったし、ひどい物を食べなくてもよくなった。**ピザ屋で働いている人たちが私の声を覚えていたぐらいだったのに、最後に頼んでからずいぶん経《た》ったはず」

テリはいま

テリはようやく、4年物の凍った七面鳥のインスタントフードを捨てたそうだ。「まだここにあるってあなたに見つけられたくなかったんだもん！」と、彼女は緊張気味に笑って言った。彼女の冷蔵庫は比較的空の状態だった。「あの化学実験ものは全部捨てたわ」と彼女は言った。食器棚の中身も少し変わっていた。「買い物には頻繁に行くようになったと思う。でもすごく不思議、だって昔は買い物が大嫌いだったから」と彼女は言った。「でも、食べ物を無駄にしたくないから、1日とか2日分のものだけを買うようにしてる。だからこの中にはたくさん入っていない」

彼女は栄養士のビーヴのクライアントとなっていた。ビーヴとテリの主治医が様々な検査を行った結果、摂取することになったビタミン類の新しい瓶がカウンターの上にずらりと並んでいた。37度線の北に住んでいる人の多くと同じく、テリにはビタミンDが全く足りていなかった。自然に摂取するには、太陽光では弱過ぎる。彼女は朝食に小麦を食べて食物繊維の摂取量を上げ、プロテインをより多く摂取するため、ランチにはスクランブルエッグを食べていた。

テリはクラスで教えたように玉ねぎを刻まない、唯一《ゆいいつ》の人だった。その代わり、彼女は玉ねぎの端を切り落として4つに割って、それをフードプロセッサーに入れて、みじん切りにしていた。「ごめんごめん、ズルしてる」と彼女は謝った。「昔の習慣に戻っちゃってるね」

　ううん、そうでもないわよ。**テリは以前、1週間に4回はファストフードで夕食を済ませていた。いまでは、数週間に1回ぐらいだという。**

「鶏肉《とりにく》を切る方法がわかったのはいいことだったけど、自分でやるかどうかはわからないな」と彼女は言った。「やっぱりちょっと……」と、彼女は言葉を出すのに苦労しているようだった。「私はちょっと臆病《おくびょう》なんだと思う。だから私が最初から鶏肉をあまり好きじゃないということは変わらないと思う」それでも彼女は、だからといってプロジェクトが失敗だったとは思っていないという。

　テリはファストフードに通っていた月20回という回数を2回に減らした。そうすることで、年間19万５０００キロカロリーを摂取せずに回避できたことになる。それは運動で減らそうとするなら、ランニングマシンを５５０時間走った数値だ。彼女は、生活習慣をひと晩で変えることができる人もいるけれど、彼女がかつてアルコールへの依存を断ち切るには、その時間とくり返しが重要だったのと同じだと説明してくれた。**「私がすべてを一度に変えようと努力すると、絶対に失敗する。私はいま、基礎を固めはじめたのだと思っていて、自分の進むべき方向については満足している」**

フードプロセッサーで玉ねぎを刻んだっていいじゃない？　それを使って健康的な食べ物を作っているのだもの。テリ、健闘を祈るわ！

シェリルはいま

シェリルの自宅でのこと。４歳の息子の上にクリスマスツリーが倒れてきた。オーナメントを引っ張り、木を倒してしまったのだ。彼は一気に泣きだした。

「ああ、どうしよう！」リサと私は男の子に駆け寄って、彼を抱き上げた。私たちがツリーを直しているとシェリルがやってきて、息子の手をつかんだ。彼女は素早くケガがないか確かめると、彼をぎゅっと抱きしめた。そして彼を持ち上げ両腕を伸ばした。「ほら、ツリーに触らないって言ったでしょ！」彼女は強く叱《しか》った。「カウチに座って本を読みなさい。ママは用事があるから」息子はコーヒーテーブルの上にあった本を２冊持つと、素直に茶色い革張りのソファによじ登った。

初めての訪問で、シェリルは缶入りのオーガニックスープをランチにと用意してくれた。今回は、スープをイチから作っていた。カレー風味のココナツミルクと野菜のスープだった。「すごく簡単」と彼女は言った。「1回作ると私と息子で数日はランチとして楽しめるわ。夫は建築業だから、保温ジャーに入れて持っていってるわよ。残りは小分けして凍らせて、またランチに食べるようにしてる」

ずいぶん成長したリアムを抱き上げ、腰の上でバランスを取らせていた。「私の料理の基礎を変えてくれたクラスだった」と彼女は言った。「ソース、スープ、それからその他の献立もすべてイチから作るようになったの。**自分のスキルに信念があるから、いまはキッチンで自信を持つことができている。クラスでは新しいことだけではなく、料理を恐れないこと、自分で新しいことをはじめる方法を教えてもらった**と思ってる」

シェリルはラベルに記されたことについては以前から注意深かったけれど、クラス終了後はよりいっそう考えるようになったという。「最近では、めったにパンを買わなくなったんです」彼女は冷蔵庫を開けてパンの種が入ったふたつのプラスチックコンテナを見せてくれた。ひとつが小麦粉でもうひとつが全粒粉だった。「夫が家族のパン焼き職人。いろんなバージョンを試しているんですよ。**いまとなっては、家族に**

食べさせるものすべての中に何が入っているのか、知りたいところまで来ちゃいました」

シャノンはいま

シャノンの挑戦は止まらない。「おもしろいのよ、この前アップルソースを作ったんだ。リンゴが山ほどあって」と彼女は言い、両手を広げて大量のリンゴを表現して見せた。「それがね、すごく楽しかった。とにかく、刻みまくったの」彼女はにっこりと笑った。「全部刻んだら手が痛くなったけど、でも完全なる禅モード突入って感じ」

この時点で、**メンバーがクラスから受けた影響についての意見は一致していた。包丁の使い方、鶏肉のクラス、スープのクラス、こねないパンのクラス、そして魚のホイル包み焼きの方法が、印象に残るテーマだったようだ。**シャノンも同じだった。でも、私は彼女が学んだことに興味があった。彼女は小さな子どもふたりの母親で、食費をしっかりと管理していた人だ。

「ストックを手作りしてみたんだけど、なんだかうまくいかないの」と彼女は言った。「私のストックとスーパーで売られているストックと比べることが難しいの。だって全然違うんだもの。でも買う場合は、ちゃんと塩分をチェックするようにしてる。塩のなるべく入っていないものを買うようにはしてるんです。3グラムしか入れていないブランドを見つけることができたから、気に入ってるわ」

魚のクラスについては、魚を買うために何軒か店を回るという考えは、母と料理人の両立という複雑な環境にある彼女にとっては考慮のうちにはいらなかった。「魚市場には行きたいけれど、現実には、結局、移動ばかりで時間が過ぎてしまっているのよね。赤ちゃんと小さな子どもを連れていくと、ミルクだけしか買えないこともあるぐらいだから。だから、魚は、いい物を売っている高級スーパーで買ってる。でも、それ以外の食材もそのお店で買うことがあるのよ。正直言って、ホイル焼きが好きなのは、失敗しないからでしょうね。子どもたちが昼寝をしている時間に、あらかじめ作っておくことができるし、お皿も必要ないでしょ」

誰がシャノンに反論できる？　彼女には情報があった。そしていまの生活のための、率直で現実的な期待を基準にして、選択肢の重さを量ったのだ。いまのところは、数時間かけて煮込むストックは優先的ではないけれど、塩辛い液体を料理の中に入れることはしたくない。だから彼女の選択は、塩なしのチキンストックを探すことで、それは完璧な解決方法だと思えるのだ。それ以外にも同じようなことがあるだろう。

5月の時点でシャノンは、レシピがない状態で料理をすることに居心地の悪さを感じると言っていた。だから、彼女がランチの由来を話してくれたときは驚きだった。

「バケーションに行った先のレストランで、ラム肉のラグーを食べたんだけど……」と彼女は話しはじめた。「すっごく美味しかったの！　ああ、本当に、本当に美味しかった！　だから、どうやったらマネして作ることができるのか考えたの。インターネットで検索してみたら、ラグーのレシピはいくつかあったのだけれど、ラム肉のミンチを使っていた。でも、私が食べたものはミンチじゃなかった。でもそこで気づいたの、あ、そうだ、あれはただの煮込みじゃないって。だからラムの肩肉を買ってきて、切って、煮込んだのよ。ポレンタはコーンミールで作った。むちむちの食感を出すために、チーズを入れたら大成功」

彼女の家族も認めてくれたそうだ。『うわ、美味しい！』って言ったわよ。クラスがはじまる前は、こういうものに挑戦しようなんて、思いもしなかっただろうっていうのが、この話の面白いところよね。いまでは、できる。あのラグーは褒めてもらって当然よって気持ち」

ジェンはいま

引っ越しのスケジュールと通常の生活に追われ、ジェンと会うまでには何カ月もかかってしまった。私たちが前回会ったとき、居心地のよさそうなレンタルハウスにルームメイト3人と住んでいたジェンは、新しいマンションにボーイフレンドのジョンと引っ越しを済ませていた。ピカピカのキッチンにはダークチェリーの立派なキャビネットがついていて、灰色の石のフロアタイルが貼《は》られ、黒い石英ガラスのカウンタートップとステンレスの機器が揃っていた。

キャビネットには健康的な品々が並んでいた。小麦のパスタ、トマト缶、アーティチョーク、オリーブ、玄米、そしてオイルが数種と酢がいくつかあった。「私、酢が大好きだって気づいたんだよね」と彼女は言った。「自分でもびっくりした。いまは酢をたっぷり使ってる。最近のお気に入りはタラゴンかな。超うまいよ、あれは」

彼女の冷蔵庫には様々な緑黄色野菜、パックの魚、青物野菜、オーガニックミルク、白ワイン、パックに入ったゼリー、週末の残り物のバターナットのスープが入っていた。彼女は水を注いだ小さなグラスに、まるで花束のようにコリアンダーを入れていた。それはティエリーが教えてくれた方法だった。チーズ入れには本物のパルミジャーノ・レッジャーノ。彼女が冷凍庫に入れていたのは、冷凍のイチゴ、餃子《ギョーザ》、冷凍ピザが数枚、それからあまり使わないバターだった。

「変わったのは買い物の仕方だと思う。あらかじめ作ってあってパックになったものは買わないようになったかな。レストランでパスタを注文するのも無理だね。だって20ドルよ？　私だったら20ドルで3人分作ることができるし」

初めて彼女を訪問したとき、ジェンはキャベツのコールスローに照り焼きソースを混ぜて出した。今回の訪問では、アラスカサーモンをホイル焼きにして、アスパラガスのローストを添えてくれた。

彼女は私がクラスで準備せずに言った言葉を思い出させてくれた。**「あなた、『もし失敗したとしても、誰もあなたに包丁をしまってとっとと帰れなんて言わないわよ』って言ったのよ。私はそのこともよく思い出している。そういう気持ちが私にもっと自信を与えてくれて、だからいまは前よりずっと楽しむことができているの。感情的にならずに新しいことに挑戦できる」**1週間前、彼女は魚をひと切れソテーして、刻んだリンゴ、ローズマリー、そして白ワインでソースを作ろうと決めたそうだ。**「私、**

いいじゃん、やってみようよ、失敗したってどうってことないわって思った。それで、どうだったと思う？ すごく美味しかったんだから」

ドナはいま

メンバーの中でもドナは私のお気に入りだった。私はとにかく彼女が好きだったし、結婚したばかりなのに、食べ物と料理に関する力関係で悩んでいる彼女に同情していた。しかし、二度目のキッチンへの訪問を果たすことはできなかった。クラスが終わって数カ月後には、**プロジェクトが彼女に与えた影響は継続していないだろうと私は気づいたのだ。彼女はやさしい人だから、私をがっかりさせまいとしていただけだった。**

結局、プロジェクトが終わって1年が経ってはじめて、彼女と電話で話すことができた。「正直なことを言うと、クラスが終わってからも私は自分の生活スタイルを変えなかった」と彼女は話しはじめた。私の最初の疑いは確認されたというわけだ。「でも、いまでも私の頭の中にくり返し流れているフレーズがある。それはね、あなたが私の家に来たときに言った言葉で、『低脂肪にするためにどんな作業をするか、考えたことあるかな？』っていうものよ。私、そんなこと考えたこともなかったと思う。ダメな食べ物は避けるのが難しいわ。他はあまり変わることができなかったけれど、でも、疑問を持つようになった」

　数カ月前から、彼女は日曜日に料理をするようになったそうだ。「何がきっかけでそうなったかは忘れたけど、日曜日は必ず料理をしなくちゃダメな日だって考えたの」彼女は日曜に3食から4食分の食べ物を作って、ひとり分ずつラップして、1週間分のランチやディナーにしているそうだ。

　職場に手作りのランチを持っていくことで、飢えた状態で家に戻ることはなくなり、それは彼女にとってはいいことだそうだ。なぜなら、彼女の夫が料理に関する興味を一切失ったから。それはふたりの関係の中では大きな変化だった。「彼、冷凍食品ばかり食べているわね」と彼女は言った。「私自身はそうしたくないけど、彼とそれで戦うのもイヤ。もし彼が料理をするんだったらそれは大丈夫だけど、彼に料理で頼ろうとはもう思っていないから」と彼女は言い、彼がいまだに40キロほど平均体重を上回っていると付け加えた。「家で作ったものを食べるときは、私が作るようにしてる。彼が変わらないんだもの、私が変わらなくちゃ」と彼女は言った。彼女の声から、わき上がるような自立心が聞こえたようだった。

数カ月前、初めて丸鶏を購入したそうだ。それが完璧に焼き上がったときは、勝利の気分を味わってうれしかったという。いまとなっては、ローストチキンは彼女の得意料理のひとつらしい。「**1週間前に友だちが来てこう言ったんだ。『ちょっと、あなた素晴らしい料理人じゃない』って。**だから私思ったの、なんでよ？　これってただのローストチキンよってね」そして彼女はふと気づいたそうだ。ほんの少し前まで、ローストチキンを焼くなんて彼女にとっては大事件だったことを。

「**自分の周りの人たちにも、料理をすればって応援してるの。だって料理をすれば変わることができるもの。小さな変化を集めれば、人生をまるごと変えるほどの大きな変化になるってこと**」と彼女は言った。「いつもカット野菜を買う友だちがいる。理由を聞いたら、包丁が怖いからなんだって。プロジェクトがはじまる前は、私も怖かったの。だから彼女に持ち方を見せて教えてあげた。そしたら彼女は恐怖を乗り越えることができたんだ」

彼女が言った次の言葉、これこそが大きな教訓だった。

「**何かがとても怖かったとするよね。勇気を出してそれをやってみて考える。なんで**

恐れていたんだろうって。とりあえず、やってみなくちゃダメなんだよね」

そして、私はいま

　私は変わっただろうか。スパイスの棚はきれいになった。大掃除、ご苦労様だったわ。冷凍庫には様々なクラスで題材となった、グラスフェッドの牛肉、豚肉、そして鶏肉が入っていて、それはある意味、私が幼少期に過ごしていたミシガンでの生活に戻ったような形だった。冷蔵庫の中身を一掃するためにスープは最低でも週に1回は作るようになった。ティエリーが勧めたように、冷蔵庫の奥には、マイクと私がパリで抱き合っている写真を貼った。あの、グルメツアーのときに撮影したものだ。

　そして、**ル・コルドン・ブルーの卒業式のスピーチのことを頻繁に考えるようになった。不安と悲しみのなかで、私は卒業生たちに情熱を傾けられるものを探すように訴えていた。そして、それに向かって突き進めと。私がそのとき気づいていなかったのは、卒業式に出席していた誰よりもその助言が必要だったのは、私自身だったということだ。**私はプロジェクトに参加してくれたメンバーと同じぐらい、あるいはもっと多くをこのプロジェクトから学ぶことができたのだ。その中には、私自身が予期することもできなかった、変える必要がある様々なものごとも含まれていた。

プロジェクトが終了して間もなく、マイクがアルフレッド・ソースを作ると言いだした。私は彼に付きまとって「ちょっとにんにくを入れたほうがいいかもね」とかなんとか言いはじめた。「そんなにかき混ぜないほうがいいわよ」、「ちょ、ちょっと、ちょっと、冷蔵庫のチキンストック入れれば？　いつもの方法とは違うけど、でも……」

　マイクは私にスパチュラを手渡した。「わかったよ。君が思うとおりにやればいいだろ」

「でも私、手伝おうと思っただけで……」

「だからオレは君とここで料理するのがイヤなんだよ」彼は強い口調で言った。

「なぜオレがいつもタイ料理を作るかわかるか？　君が僕を正そうとしないからさ」

私には彼の気持ちがよくわかった。夏の最初に起きた、同じようなシーンを思い出していた。

　私たちがアメリカに戻ってきたのが２００５年。それ以来私は車を運転するのをやめていた。つまり、6年も運転していなかったのだ。車を運転しはじめた私に、助手席のマイクは、〝お助けヒント〟を与え続けた。「キャスリーン、あっちに歩行者がいる」、「おっと、少しスピードを落としたほうがいいよ、きついカーブが先にあるから」とか、私が遅過ぎると感じると「ここの制限速度、知ってるよな?」と言うのだ。

私はとても不安になり、自分自身を疑うようになってしまった。彼が何も言ってないというのに、私の動きを黙って逐一チェックしているのではないかと思いはじめたのだ。アルフレッド・ソースのエピソードのほんの1週間前、私はとうとう車を停めて、シートベルトを外して叫んだ。「わかったよ!　あんたが運転しろよ!」彼は私の反応にショックを受けたようで、それは私が彼のパスタ事件に受けたショックと同じだった。

人々に料理をしてもらうように計画されたプロジェクトが終わった直後に、私は自分にいちばん近い人の料理の邪魔をしてしまったのだ。このことから**私は一歩引くことを学んだ。彼自身の味を探検してもらい、彼には自由にキッチンを使ってもらうようになった。結果として、彼は料理人として花開いたのだ。いまでは一緒に料理をすることも多い。**

これが〝教える〟ということだろう。そして**教えた相手から、私たちは予期していなかった教訓を学ぶ。**私はパリで起きた舞台上の自分探しの悲劇に感謝している。私たちは、自分自身が誰なのか、そして人生のどのあたりにいるのかを思い出し、コースを変えるための改革が必要なのだ。私はシェフなの？　ううん、ちょっと違う。でもたったひと言で自分のことなんて決められる？　ジュリア・チャイルドはシェフというタイトルを一度も望まなかったし、必要とすることもなかった。私は書いて、料理をして、人に教えることができる。私にその情熱が詰まっていることは、私自身がいちばんよく知っている。

　その情熱を胸に抱いて、私はシャノンの缶詰めレッスンを受けにいくことに決めた。去年の夏、包丁を握ることができなかった彼女は、最近〝缶詰めマスター〟の称号を得たのだ。明日、彼女は私に梨《なし》の保存方法を教えてくれることになっている。私が想像できるなかで、いちばん私らしい仲間の輪だ。**私たちは生きて、学んで、教えあう。これって素敵なことじゃない？**

参考資料

書籍（未邦訳）

Bloom, Jonathan (2010) *American Wasteland: How America Throws Away Nearly Half of Its Food (and What We Can Do About It)*（アメリカ、無駄をする国——食物を半分近く廃棄するアメリカ）, Boston: Da Capo Lifelong Books

Cheney, Dina (2006) *Tasting Club: Gathering Together to Share and Savor Your Favorite Tastes*（テイスティング・クラブ）, New York: DK Publishing

Child, Julia, Simone Beck, and Louisette Bertholle (1961) *Mastering the Art of French cooking*（王道のフランス料理）, New York: Knopf

Fisher, M. F. K. (1989) '*Pity the Blind in Palate*（味覚の乏しさ）' the Art of Eating, New York: North Point Press

Kaul, Leslie, Bob Spiegel, Carla Ruben and Peter Siegel (1999) *The Daily Soup* Cookbook（毎日のスープの本）, New York: Hachette Books

Katz, David L. and Catherine S. Katz (2005) *The Flavor Point Diet: The Delicicus, Breakthrough Plan to Turn Off Your Hunger and Lose the Weight for Good*（フレーバー・ポイント・ダイエット），New York: Rodale

Longacre, Doris Janzen (1976) *More-with-Less Cookbook*（より少ない材料で，よりたくさん料理する本）Herald Press

Madison, Deborah (1997) *Vegetarian Cooking for Everyone*（みんなのためのベジタリアン料理），New York: Broadway Books

Page, Karen and Andrew Dornenburg (2008) *The Flavor Bible: The Essential Guide to Culinary Creativity, Based on the Wisdom of America's Most Imaginative Chefs*（フレーバー・バイブル），Boston: Little, Brown and Company

Rombauer, Irma S. and Marion Rombauer Becker (1931) *The Joy of Cooking: A Compilation of Reliable Recipes with a Casual Culinary Chat*（料理の喜び），Indianapolice and New York: Bobbs-Merrill Company

Shapiro, Laura (2004) *Something from the Oven: Reinventing Dinner in 1950s America*（オーブン料理：１９５０年代のアメリカ料理の新考察）New York: Viking Penguin

Short, Frances (2006) *Kitchen Secrets: The Meaning of Cooking in Everyday Life*（キッチンの秘密：クッキングの意味）Oxford, UK: Berg Publishers

書籍（邦訳があるもの）

デイヴィッド・A・ケスラー著、伝田晴美訳（２００９年）『過食にさようなら——止まらない食欲をコントロールする（*The End of Overeating*）』エクスナレッジ

マイケル・ポーラン著、ラッセル秀子訳（２００９年）『雑食動物のジレンマ　ある４つの食事の自然史（*The Omnivore's Dilemma: A Natural History of Four Meals*）』東洋経済新報社

映画・テレビ・ラジオ（未配給作品）

The End of the Line（飽食の海：世界からＳＵＳＨＩが消える日）, Directcr, Rupert Murray; Arcane Pictures. Dogwood Pictures (2009)

The French Chef（ザ・フレンチ・シェフ）ＷＧＢＨ製作、１９６３〜１９７３年

Sugar: The Bitter Truth（砂糖：苦い真実）, University of California Television (2009)

What's in the Fridge?（冷蔵庫の中身は何？）KIRO radio 97.3FM

映画・テレビ・ラジオ（日本に配給された作品）

『フード・インク（Food Inc.）』ロバート・ケナー監督、マグノリア・ピクチャーズ、

２００９年
『アイアン・シェフ・アメリカ（Iron Chef America）』Food Network 製作、２００５年～
『ジュリー＆ジュリア（Julie & Julia）』ノーラ・エフロン監督、コロンビア映画配給、２００９年
『マイ・ビッグ・ファット・ウェディング（My Big Fat Greek Wedding）』ジョエル・ズウィック監督、ゴールド・サークル・フィルムズ、２００２年
『トップ・シェフ（Top Chef）』Tiger Aspect USA／Magical Elves Productions 製作、２００６年～

訳者あとがき

著者のキャスリーン・フリンは36歳にしてパリに渡り、世界屈指の料理学校であるル・コルドン・ブルーを卒業した、本人曰《いわ》く「遅咲き」の料理人であり、フードライターである。その体験を記した著作『36歳、名門料理学校に飛び込む！　リストラされた彼女の決断』（柏《かしわ》書房）は好評を得て、ライターとしての生活はおおむね順調だった。しかし、その先にあるはずの進むべき道を模索していた。そんな彼女がある日、シアトル郊外にある巨大スーパーマーケットで、とある女性とその娘に出会った場面から物語ははじまる。

新鮮な農産物や海産物を豊富に取りそろえたスーパーマーケットの中央通路で、その女性はインスタント食品を次々とカートに放り込んでいく。その姿に衝撃を受けるキャスリーン。好奇心旺盛《おうせい》な彼女はそのままその女性を尾行し、ついには話しかけることに成功する。この抜群の行動力が、36歳にして彼女をパリまで導いたのは言うまでもない。

鶏肉《とりにく》を買うならパックではなくて丸鶏で。だってその方がずっと安いから。箱入りで、温めるだけで食べられるインスタントのパスタディナーを買うのなら、パスタとオリーブオイルとパルミジャーノ・レッジャーノを用意すればいいだけ。だってそれが本物のパスタ料理だから。インスタント食品に費やす金額で、新鮮な野菜と肉をどれほど買うことができるか示しながら、キャスリーンは根気よく女性を説得していく。そして、カートの中の山ほどのインスタント食品を棚に戻してもらうことに成功する。キャスリーンは、これが自分の人生を変える経験になるだろうと確信する。そして彼女は、料理の苦手な人たちを集め、料理教室を開こうというアイデアに辿《たど》りつくのだ。

紆余曲折《うよきょくせつ》を経て集められた料理教室参加メンバーには、十人十色の人生があった。それぞれが抱える問題が、調理方法や食生活に反映されていた。キャスリーンと助手のリサがメンバーに本気で向き合い、料理に必要な基本的テクニックや知識を教え込んでいく。しかし、ひと筋縄ではいかない。年齢も年収も育った環境も違う見知らぬ人々が集まれば、予期していなかったことも起きてしまう。習いにきているというのに言うことを聞かないのではないのにイラ立つ人、肉が怖いと家に帰ってしまう人。でも、人生のおもしろさは、こんな予期せぬできごとに遭遇するところにあるのではないだろうか。著者キャスリーンを支える夫のマイク、助手のリサ、そして各講師陣が、ゆっくりとメンバーの心を解きほぐし、全員を勇敢な料理人へと成長させていく。

しかし、キャスリーンが教えたのは料理の技術だけではない。消費者の気持ちが変われば市場が変わること、食材を廃棄することの問題点、肉はかつては生き物だったという事実。これらはすべて、私たち現代人が見て見ぬふりをしている物事でもある。彼女はそれを自分の経験を交えつつ、メンバーに示していく。野菜を刻もう、肉を触ろう、すべては大切な食べ物であり、命であり、私達の栄養となってくれるものだから――キャスリーンの食への真摯《しんし》な姿勢がメンバーに伝わっていく瞬間が、まさにこの料理教室が生み出した奇跡だったのかもしれない。

暮らしを支える料理に必要なのは、高度な技術でも、ぜいたくな食材でもない。必要なのは、元気に暮らそう、おいしい食べ物で大切な誰かを喜ばせてあげようという、まっすぐな気持ちだけだ。

失敗したっていい、焦《こ》がしてもいい。そんなのどうでもいいじゃない。だって、たった一度の食事だもの。あなたの料理が下手だなんて、誰が言ったの？　誰が私たちを定義できるってわけ？　変わるのに遅すぎることなんてないのよ。

キャスリーンの力強い言葉に、励まされる人は多いのではないだろうか。

私の心の片隅に、シアトルのレンタルキッチンで汗を流し、野菜を刻み、肉を焼き、鍋《なべ》をかき混ぜ続けた女性たちの姿がいまもある。彼女達が流した涙も、喜びも、葛藤《かっとう》も、すべて私の中にしっかりと残っている。そのすべてが私を感動させ、勇気づけてくれる。彼女たちが焼き上げたパンのような、ほかほかとした温かさを、私の心にもたらしてくれる。

いまもしあわせに暮らしていてほしい。笑顔でキッチンに立っていてほしい。様々な問題が解決されていることを祈らずにはいられない。冷蔵庫を開けて、さあ、やってやるわよ！　と意気込む姿が、どうかいまも彼女たちにありますように。顔を上げ、自信を胸に、毎日笑顔で暮らしていますように。たぶん心配はいらないだろう。万能包丁を片手に、真剣な顔つきで鶏の解体をしているはずだ。レモンとハーブとオリーブオイルを慣れた手つきで混ぜ合わせ、新鮮な野菜を和《あ》えているはずだ。エプロンのポケットに紙オムツを突っ込み、ハッピーバースデーを歌いながら、両手を洗っているはずだ。彼女たちなら、きっと。

２０１７年１月

村井《むらい》理子《りこ》

文庫版 訳者あとがき

料理家で作家のキャスリーン・フリンと10人の女性たちのキッチンを舞台にした物語がはじめて日本にやってきて、早6年。このたび、新潮文庫の一冊として再び読者のみなさんに紹介できることをとてもうれしく思っている。

キャスリーン・フリンと夫のマイク氏は、単行本出版の際には3度にわたって来日し、日本のファンと交流を重ね、日本を第二の故郷と呼ぶほどの親日家になった。3度目の来日は4年ほど前のことで、読者との交流会を終え、東京駅前で別れるとき、「また会えるのはわかっているから、さよならは言わないね」と、両目に涙を溜《た》めてキャスリーンは言っていた。私も、「すぐに会えるから、大丈夫」と答えた。マイクはいつもの笑顔で、「また会おう」と言って私を抱きしめてくれた。二人が帰国して数カ月後に、新型コロナウイルス感染症の世界的パンデミックが起きた。

キャスリーンとマイクは、世界中の誰もがそうだったように、家のなかに閉じこもる、不安な生活を長く続けていた様子だったが、その間も私たちは時折連絡を取り合って、互いの近況を伝え合った。日本の読者は大丈夫かしらと心配するキャスリーンに、そういえば料理教室に参加した女性たちはどうしているのかと尋ねてみたことがある。すると彼女は、「実はいろいろあった」と、詳細に教えてくれた。離婚した人、結婚した人、別れた人、料理がプロ級にうまくなった人、料理を完全に諦《あきら》めてしまった人。10人それぞれが、料理教室が終わったあとも、波瀾万丈《はらんばんじょう》の人生を送っていたというわけだ。それでも、全員が無事だと聞いて、私も安心した。

キャスリーンのメッセージは今も変わらない。**新鮮な食材と正しい道具を使えば、美《お》味《い》しい料理は思うよりも簡単に作ることができるということ。食材を無駄にしてしまうことに、罪悪感を抱きすぎることはないということ。料理が苦手だからといって自分を嫌いになる必要はない。自分の味は自分で決めていい。失敗？　それがどうしたっていうの？　あなたは、あなたのために、自分を元気にしてくれる料理を作ればいい。**

食べることは生きること。チキンを煮込み、パンを焼いて一喜一憂した10人の女性たちの姿が、読者のみなさんの食卓に料理の喜びを届けることができますように。

2023年12月

村井理子

この作品は二〇一七年二月きこ書房より『ダメ女たちの人生を変えた奇跡の料理教室』として刊行された。

T・トウェイツ
村井理子訳
ゼロからトースターを作ってみた結果
トースターくらいなら原材料から自分で作れるんじゃね？　と思いたった著者の、汗と笑いの9ヶ月！（結末は真面目な文明論です）

角田光代
河野丈洋　著
もう一杯だけ飲んで帰ろう。
西荻窪で焼鳥、新宿で蕎麦、中野で鮨、立石ではしご酒——。好きな店で好きな人と、飲む酒はうまい。夫婦の「外飲み」エッセイ！

小泉武夫著
魚は粗《あら》がいちばん旨い
—粗屋繁盛記—
魚の粗ほど旨いものはない！　イカのわた煮、カワハギの肝和え、マコガレイの縁側——絶品粗料理で酒を呑む、至福の時間の始まりだ。

阿川佐和子著
アガワ家の危ない食卓
「一回たりとも不味いものは食いたくない」が口癖の父。何が入っているか定かではないカレー味のものを作る娘。爆笑の食エッセイ。

稲垣栄洋著
一晩置いたカレーはなぜおいしいのか
—食材と料理のサイエンス—
カレーやチャーハン、ざるそば、お好み焼きなど身近な料理に隠された「おいしさの秘密」を、食材を手掛かりに科学的に解き明かす。

土井善晴著
一汁一菜でよいという提案
日常の食事は、ご飯と具だくさんの味噌汁で充分。家庭料理に革命をもたらしたベストセラーが待望の文庫化。食卓の写真も多数掲載。

瀧羽麻子著

うちのレシピ

小さくて、とびきり美味しいレストラン「ファミーユ」。恋すること。働くこと。生きること＝食べること。6つの感涙ストーリー。

ブレイディみかこ著

THIS IS JAPAN
—英国保育士が見た日本—

労働、保育、貧困の現場を訪ね歩き、草の根の活動家たちと言葉を交わす。中流意識が覆う祖国を、地べたから描くルポルタージュ。

上橋菜穂子
チーム北海道著

バルサの食卓

〈ノギ屋の鳥飯〉〈タンダの山菜鍋〉〈胡桃餅〉。上橋作品のメチャクチャおいしそうな料理を達人たちが再現。夢のレシピを召し上がれ。

山口瞳著

礼儀作法入門

礼儀作法の第一は、「まず、健康であること」。作家・山口瞳が、世の社会人初心者に遺した「気持ちよく人とつきあうため」の副読本。

さくらももこ著

そういうふうにできている

ちびまる子ちゃん妊娠!? お腹の中には宇宙生命体＝コジコジが!?期待に違わぬスッタモンダの産前産後を完全実況、大笑い保証付！

水上勉著

土を喰う日々

京都の禅寺で小僧をしていた頃に習いおぼえた精進料理の数々を、著者自ら包丁を持ち、つくってみせた異色のクッキング・ブック。

Title: The Kitchen Counter Cooking School
Author: Kathleen Flinn

「ダメ女《おんな》」たちの人生《じんせい》を変《か》えた奇跡《きせき》の料理《りょうり》教室《きょうしつ》

新潮文庫　フ－63－1

Published 2024 in Japan
by Shinchosha Company

令和六年二月一日発行

訳者　村《むら》井《い》理《り》子《こ》

発行者　佐藤隆信

発行所　株式会社新潮社

郵便番号　一六二―八七一一
東京都新宿区矢来町七一
電話　編集部（〇三）三二六六―五四四〇
読者係（〇三）三二六六―五一一一
https://www.shinchosha.co.jp

組版／新潮社デジタル編集支援室
価格はカバーに表示してあります。

乱丁・落丁本は、ご面倒ですが小社読者係宛ご送付ください。送料小社負担にてお取替えいたします。

印刷・株式会社光邦　製本・株式会社大進堂

ISBN978-4-10-240421-8 C0198